Killer

Martin Schüller, geboren 1960 im Rheinland. Nach 25 Jahren als Schlagzeuger, Komponist und Texter in diversen Rock- und Jazz-Bands wechselte er die Kunstform und wurde Schriftsteller.
www.schuellerschreibt.de

Dieses Buch ist ein Roman. Handlungen und Personen sind frei erfunden. Ähnlichkeiten mit lebenden oder toten Personen sind nicht gewollt und rein zufällig.

MARTIN SCHÜLLER

Killer

THRILLER

emons:

Bibliografische Information der Deutschen Nationalbibliothek
Die Deutsche Nationalbibliothek verzeichnet diese Publikation
in der Deutschen Nationalbibliografie; detaillierte bibliografische
Daten sind im Internet über http://dnb.d-nb.de abrufbar.

© Emons Verlag GmbH
Alle Rechte vorbehalten
Umschlaggestaltung: Brian Barth
Gestaltung Innenteil: César Satz & Grafik GmbH, Köln
Druck und Bindung: CPI – Clausen & Bosse, Leck
Printed in Germany 2015
ISBN 978-3-95451-431-1
Thriller
Überarbeitete Neuausgabe
Erstausgabe 2001

Unser Newsletter informiert Sie
regelmäßig über Neues von emons:
Kostenlos bestellen unter
www.emons-verlag.de

Das Schicksal mischt die Karten, und wir spielen.

Arthur Schopenhauer

EINS

Die Kugel traf den Kommissar in den Oberschenkel. Er wurde hinter die geöffnete Fahrertür zurückgeschleudert. Die beiden Männer waren etwa fünfzehn Meter von ihm entfernt. Der Mann in der schwarzen Lederjacke rang verzweifelt mit dem blonden Killer um dessen Waffe. Sie stürzten aneinandergeklammert zu Boden. Mit letzter Kraft drehte der Mann die schwere Halbautomatik gegen die Brust des Mörders. Der Schuss zerfetzte das weiße Hemd, Blut quoll hervor. Langsam richtete der Mann sich auf, die Waffe in der Hand. Sekundenlang sah er auf den leblosen Körper hinab, dann hob er die Pistole und entleerte das gesamte Magazin in die Brust des Killers. Der Körper zuckte heftig bei jedem Schuss. Erst als der Finger am Abzug nur noch Klicken erzeugte, ließ der Mann die Waffe sinken. Mit starrem Gesicht drehte er sich um und humpelte auf den Kommissar zu. Nur wenige Schritte von ihm entfernt blieb er stehen. Unter seinem Lächeln lag ein Ausdruck verzweifelter Traurigkeit.

»Ich ergebe mich«, sagte er.

»Ich glaube nicht«, sagte der Kommissar. Seine Augen vereisten. Er hob den Revolver. Der Schuss traf in die Brust des Mannes. Ein großer roter Fleck erschien auf dem grauen Sweater. Der Mann drehte sich im Sturz und fiel nach vorne. Unter ihm breitete sich eine Blutlache aus.

Dann kam ich.

Ich hüpfte den schmalen Weg zwischen den geparkten Trucks entlang.

»Papi!«, rief ich. Immer wieder. »Papi, Papi!«

Die blonde Frau hinter mir versuchte, mich auf ihren Stöckelschuhen einzuholen, doch ich war zu schnell.

»Papi, Papi!«

Ich starrte auf den Fernseher. Idiotisch, dachte ich. Selbst ein Vierjähriger hüpft nach einem Schusswechsel nicht jauchzend auf seinen sterbenden Vater zu.

»Ich kann die Schnepfe nicht leiden. Konnte ich noch nie«, sagte meine Mutter.

Ich hatte gewusst, dass sie das sagen würde. Sie sagte es jedes Mal.

Sie sagte immer das Gleiche.

Die blonde Frau holte mich ein, als ich die Leiche des Mannes schon erreicht hatte. Sie brach weinend zusammen und versuchte, mir die Augen zu verdecken.

»Tom«, schluchzte sie, »oh Tom, warum?«

»Du bist so süß«, sagte meine Mutter.

Ich sagte nichts. Sie sagte immer das Gleiche. Sie war verrückt.

»Cut!«, hatte eine Stimme gerufen. »Gestorben.«

Der Mann hatte sich aufgerichtet und mich angegrinst.

»Tom, du warst großartig«, hatte er gesagt und mir durchs Haar gewuschelt. Die blonde Frau küsste mich feucht auf den Mund. Ich hasste es.

Ich nahm meinen ganzen Mut zusammen. »Ich dachte, *du* bist Tom?«, fragte ich den Mann.

Er lachte.»Ich war Tom, und du warst Boris, jetzt bin ich Klaus, und du bist Tom. Alles klar?«

»Nein«, sagte ich leise.»Was soll ich denn sagen, wenn mich einer fragt, warum?«

Wieder lachte er.»Frag die Mama.« Er gab mir einen Klaps und ging weg.

Doris kam und nahm mich an der Hand, wie immer. Wir gingen zu dem Wohnwagen, und ich zog meine eigenen Sachen wieder an. Meine Mutter lehnte draußen in der Sonne neben der Tür und rauchte.

»Na siehst du, da hast du die ganze Arbeit schon hinter dir.« Doris war nett, ich mochte sie.

»Hier ist Ihr Sohn wohlbehalten zurück, Frau Stricker«, sagte sie, als sie mich draußen bei meiner Mutter ablieferte.

»Der Junge war wirklich toll.«

Meine Mutter hatte gar nichts gesagt, nur an ihrem Joint gezogen.

»Er wird bestimmt mal ein Star!«, hatte Doris uns nachgerufen, als wir zu dem orangen Käfer trotteten.

»Mami, was ist ein Star?«

»Jesus Christ. Der ist sogar ein Superstar.«

Ich glaube, sie wollte nicht reden, damals. Nach Tom habe ich nicht gefragt. Schon gar nicht nach dem Warum.

Heute wollte sie reden. Das Gleiche wie immer, wenn sie sich mit mir den Film ansah.

»Es ist so schade, dass du nicht weitergemacht hast mit dem Film, mein Junge. Du hast so viel Begabung geerbt.«

Sie sagte immer das Gleiche. Sie war in einer schönen Welt. Einer Welt, in der sie immer recht hatte, ohne etwas dafür tun zu müssen.

Ich musste hart dafür arbeiten.

Der Nachspann war zu Ende. Ich spulte das Video zurück, legte es in seine Plastikhülle und gab es ihr.

»Gehst du?«, fragte sie.

Ich nickte.

»Ach, mein Junge. Kommst du wieder? Du musst dich um das Pferd kümmern!«

Wieder nickte ich nur. Vaters Pferd hatten wir schon vor vielen Jahren verkauft. Ich ging hinaus.

»Auf Wiedersehen, Herr Clay«, sagte die Schwester am Empfang. Ich hob grüßend die Hand. Als ich die Tür erreichte, wurde ich von hinten angesprochen.

»Herr Clay, hätten Sie eine Sekunde Zeit?«

Ich drehte mich um. Vor mir stand ein junger Arzt. Blond, schmächtig, fast mager, vielleicht eins siebzig groß. Ich schätzte ihn auf Ende zwanzig. Seine Augen waren von einem eigentümlich blassen Blau.

»Wenn es bei einer Sekunde bleibt, Dr. …?«

»Scheller, wir hatten noch nicht das Vergnügen. Ich bin der neue Stationsarzt. Ich hätte ein paar Fragen. Setzen wir uns?« Er wies auf die Sitzgruppe in der Eingangshalle. »Wir können auch in mein Büro gehen, wenn Ihnen das lieber ist.«

Ich winkte ab und setzte mich in einen der Ledersessel. Er nahm gegenüber Platz, seine Bewegungen wirkten linkisch, unsicher.

»Ihrer Mutter geht es recht gut in letzter Zeit«, sagte er.

»Den Eindruck habe ich auch. Sie ist hier ja auch sehr gut untergebracht.«

»Danke sehr. Es freut mich, dass Sie mit unserer Arbeit zufrieden sind. Ihre Mutter hat jetzt häufiger Phasen, in denen sie recht klar scheint. Dann spricht sie oft von einem Tom Stricker. Können Sie mir sagen, wer das ist?«

»Das habe ich bei ihrer Einlieferung schon alles Ihrem Kollegen erzählt. Steht das nicht in den Krankenakten?«

»Dort habe ich nichts gefunden. Natürlich kann ich es übersehen haben, obwohl ...« Er lächelte verlegen und hob zweifelnd die Hände. »Könnten Sie mir vielleicht kurz auf die Sprünge helfen?«

»Tom Stricker war ihr Sohn. Mein Stiefbruder. Er ist tot. Seit Langem.«

»Oh, das tut mir leid ... Wissen Sie, es ist so, dass sie von *Ihnen* als Tom Stricker spricht.«

»Ich weiß. Sie hat meinen Vater geheiratet, als ich sechs war. Tom war acht. Meine Mutter – also meine leibliche Mutter – war gestorben. Toms Vater war zwei Jahre zuvor ums Leben gekommen. Tom hat das wohl nicht verwunden. Er war die meiste Zeit in Heimen und Kliniken. Sie hat mich schon damals mit ihm verwechselt, wenn sie zu viele Tabletten genommen hatte.«

»Ah ja ...« Er schwieg einen Moment lang. »Das wird nicht leicht gewesen sein für Sie.«

»Nein.«

Er sah mich abwartend an.

»Vor etwa zwölf Jahren ist er dann einfach verschwunden. Mein Vater lebte damals noch. Er war bei der britischen Botschaft in Bonn. Er hat über deren Kanäle nach ihm suchen lassen. So, wie es aussieht, ist Tom bei einem Flugzeugabsturz in Paraguay ums Leben gekommen.«

»Hat man ihr davon erzählt?«

»Ja.«

»Aber sie hat es nicht geglaubt?«

»Sie hat es einfach nicht wahrhaben wollen. Sie hat mir dann seine Rolle übertragen, wenn sie es brauchte. Ich glaube, mich – und auch Vater – hat sie völlig vergessen. Seit Vaters

Tod schon wollte sie immer nur mit ihrem alten Namen angesprochen werden.«

»Ich verstehe ...« Er zögerte etwas. »Herr Clay, es ist so, dass, vom ärztlichen Standpunkt aus, einmal darüber nachgedacht werden müsste, was wir hier eigentlich noch für ihre Mutter tun können.«

»Was soll das heißen?«

»Nun, Ihre Mutter ist leicht desorientiert und kann natürlich nicht für sich selbst sorgen; aber das ist kein Grund, sie in einer Klinik zu behalten, schon gar nicht in einer geschlossenen Abteilung.« Er sprach sehr freundlich.

Ich schüttelte nachdrücklich den Kopf. »Sie wird sofort wieder rückfällig, wenn sie eine Flasche Wodka sieht!«

»Nur auf diesen Verdacht hin können wir sie doch nicht auf ewig einsperren.«

»Sie ist hier sehr gut aufgehoben. Besser als je zuvor, das können Sie mir glauben. Und auf jeden Fall besser als draußen.«

»Nun ...« Wieder zögerte er. »Ich hatte daran gedacht, sie an eine Tagesklinik in Ihrer Nähe zu überweisen – aber Sie haben wohl nicht die Möglichkeit, sich um sie zu kümmern?«

»Nein, absolut nicht.«

»Ich verstehe ...«

»Haben Sie über die Angelegenheit schon einmal mit Professor Felder gesprochen, Herr Doktor?« Ich lächelte, aber bei der Erwähnung des Chefarztes wurde sein Blick vorsichtig.

»Nein, noch nicht«, sagte er.

»Sehen Sie, meine Mutter ist Privatpatientin. Und falls eine solche Entscheidung anstehen sollte, möchte ich das vorher mit Professor Felder besprochen wissen.«

Ich stand auf und nickte ihm freundlich zu, aber er sah

mich an, als hätte ich ihn geschlagen. Ich verabschiedete mich und ging hinaus.

Die Luft roch nach Nadelholz. Nur das leise Rauschen der A 4 war zu hören. Es sah nach Regen aus.

Am Parkplatz holte ich die Regenjacke aus dem Kofferraum und ging den Waldweg entlang, von dem ich wusste, dass er einem Bachlauf folgte. Nach einer Weile bog ich ab, steil den Hang hinauf. Die Luft dampfte in dem dichten Nadelwald. Nach einer Viertelstunde führte der Weg aus dem Wald hinaus. Hier stand eine Bank. Ich setzte mich und blickte über Weiden und Äcker. Ich konnte die Klinik nicht sehen, aber ich fühlte, dass sie da war.

Meine verrückte Mutter. Für mich war sie immer so gewesen. Unberechenbar. Sie hatte mir damit Angst gemacht. Die Erwachsenen fanden sie bloß originell. Abgefahren, aber cool. Erst als sie anfing, immer mehr dieser Tabletten mit Wodka runterzuspülen, hatte man sie weggesperrt. Genutzt hatte es nichts. Sie ging rein, sie kam wieder raus, viele Male. Für mich war es einfacher, wenn sie drin war. Dann wusste ich, wo ich sie finden würde.

Professor Felder, der Chefarzt, war materiellen Argumenten gegenüber sehr aufgeschlossen. Er würde den jungen Arzt an der Leine halten. Ich hoffte nur, mit meinem ablehnenden Auftreten seine Neugier nicht weiter angestachelt zu haben. Es bestand immer die Gefahr, dass Mutters Erzählungen von ihrem geliebten Tom jemanden auf dumme Gedanken brachten.

Ihr geliebter Tom.

»Was tust du mir an? Rede mit mir, du kleiner Bastard, oder ich schlag dich windelweich! Ich hasse dich!«

Ihr geliebter Tom hatte andere Erinnerungen als sie. Ganz andere. Jetzt war er tot.

»Tom Stricker ist tot«, sagte ich halblaut in den warmen Wind, der über die Äcker streifte und den Geruch von feuchter Erde mit sich trug. Ich war froh, diesen Platz für Mutter gefunden zu haben. Kein Vergleich mit der Klinik, in der *ich* gewesen war. Ich wollte nicht schon wieder einen neuen Ort für sie suchen müssen.

Das Handy vibrierte. »13+P/2+0« war der Text der SMS. »OK17«, tippte ich ein und sendete die Nachricht an Jacques. Es war kurz nach Mittag. Um fünf konnte ich leicht da sein. Ich stand auf und stieg den Weg wieder hinab zum Parkplatz. »P/2« – persönliches Erscheinen dringend. Ich warf die Jacke auf den Rücksitz und fuhr in Richtung Autobahn.

»13« war der Code für sein Haus an der belgischen Küste, westlich von Zeebrugge, wo er sich bevorzugt aufhielt, seit sein Asthma in den letzten Jahren schlimmer geworden war. Kurz vor Köln-Ost meldete das Navigationssystem einen Stau am Heumarer Dreieck und forderte mich auf, geradeaus durch Köln zu fahren. Ich zögerte. Nach den Besuchen bei Mutter mied ich die Stadt lieber. Hier lebten einfach zu viele Gespenster. Aber der Weg würde nur durch die Peripherie wieder zur A 4 führen. Ich entschloss mich, dem Rat zu folgen, aber kurz hinter der Rheinbrücke stand auch hier der Verkehr. Ich schaffte es gerade noch, die Abfahrt zum Rheinufer zu nehmen. Jetzt rollte ich doch an der Innenstadt entlang. Das Navi plapperte vor sich hin. Ich ignorierte es.

Mit Vater in der Seilbahn zum Zoo. Mit dem Schiff zurück nach Rodenkirchen. Das Tollste am Dom waren die Drehtüren, aber das habe ich nie jemandem erzählt. Schon gar nicht Vater.

Das große Gespenst.

Vater.

Als sich eine Lücke zwischen den parkenden Wagen auftat, steuerte ich hinein und schaltete den Motor ab. Im Handschuhfach lag der MP3-Player. Ich wählte Beethovens Sechste und setzte den Kopfhörer auf. Die Wiener unter Abbado. »Erwachen heiterer Empfindungen bei der Ankunft auf dem Lande«. Der leise Beginn wurde gestört durch den Lärm der Straße. Jeder Lkw, der durch die Melodie dröhnte, verursachte mir körperliches Unbehagen. Ich drehte die Lautstärke auf Maximum und legte die Hände aufs Gesicht. Schließlich gelang es mir, in die Musik einzutauchen. Ich wusste, dass ich es konnte. Ich konnte die Gespenster vergessen. Wenn der erste Satz der Symphonie vorüber sein würde, würden sie nicht mehr existieren. Und ich wäre nicht mehr der kleine Junge, zu dem ich jedes Mal wurde, wenn ich Mutter besuchte. Ich würde wieder ein erwachsener Mann sein. Timothy Clay.

Es hatte immer geklappt, und es klappte auch dieses Mal. Als der erste Satz zu Ende war, legte ich den Player zurück ins Handschuhfach und fädelte mich wieder in den Verkehr ein.

***

Jacques arbeitete in seinem Gemüsegarten, als ich in den Feldweg einbog, der zu seinem Haus führte. Auf eine Harke gestützt, wartete er, bis ich den Wagen abgestellt hatte. Pernod stand neben ihm und wedelte mit dem Schwanz.

»Hallo, mein Freund«, sagte Jacques. Ich umarmte ihn, und wir küssten uns auf die Wangen. Er grinste mich an, jungenhaft, wie ich ihn kannte. Dass er über siebzig war, sah man ihm nur im Gesicht an, und sein schütteres Haar versteckte er wie immer unter einem schwarzen Barett. Er ging federnd und raumgreifend zwischen den Beeten entlang, ich folgte ihm zum Haus. Der Hund trottete neben mir her und drängte sich an mich. Im Wohnzimmer sackte ich in das antike Ledersofa und kraulte Pernod den Kopf, bis Jacques mit einer Karaffe Rotwein aus der Küche kam.

»Wie war's in Dortmund?«, fragte er, nachdem er eingeschenkt hatte.

»Problemlos. Keine Ahnung, warum Toto extra uns beauftragt hat. Den Job hätte genauso gut einer von seinen Bochumer Schlägern machen können. Du musst mal mit ihm reden, auf dem Niveau will ich nicht arbeiten. Auch nicht für Toto.«

Er nickte und nahm einen Schluck Wein, den er genießerisch kaute. »Was war mit dem Hund?«

Ich zuckte die Schultern.

»Schade. Aber das war ja zu befürchten.«

»Ja«, sagte ich.

Ich hatte vor dem Bordell des Mannes gewartet. Nicht lange – er kam wie immer um kurz nach halb fünf heraus. Sein Pitbull lief neben ihm, ohne Leine, auch das wie immer. Die Straße war um diese Zeit still und menschenleer. Ich stand etwa dreißig Meter entfernt, neben seinem Ferrari. Er kam auf mich zu. Als er auf fünfzehn Meter heran war, trat ich aus dem Schatten. Der Hund sprang sofort und ansatzlos auf mich zu, ohne dass der Mann ein Kommando gegeben hatte. Ich wartete, bis er nahe genug für einen sicheren Treffer war. Dann erst schoss ich. Der schallgedämpfte Schuss klang wie das leichte Zuschlagen einer Autotür. Der Hund wurde in seiner Bewegung noch ein Stück weitergetragen und brach dann zusammen.

Genau wie ich erwartet hatte, nutzte der Mann die Sekunden nicht, die ihm sein Hund verschafft hatte. Mit einer schnellen Reaktion hätte er zumindest eine Chance gehabt. Einen rennenden Mann im Dunkeln mit einer Faustfeuerwaffe zu treffen, ist keine sichere Angelegenheit, auch für mich nicht. Aber er blieb einfach stehen und starrte auf seinen toten Hund. Dann sah er mich an, mit einem völlig fassungslosen Ausdruck.

»Warum hast du das getan?«, fragte er.

»Das tut mir leid, wirklich.« Ich hob die Pistole, bis der rote Punkt des Leuchtvisiers auf seinem linken Auge erschien. Er blinzelte. »Herkommen.«

Er zögerte nur kurz, dann kam er mit langsamen Schritten auf mich zu. Der Mann war die Karikatur eines Zuhälters. Sonnenbankgegerbt, Pferdeschwanz, Goldschmuck, eins neunzig und durchtrainiert. In einer direkten Auseinandersetzung wäre er mir überlegen gewesen. Als er vor mir stand, tastete ich ihn mit der Linken ab. Ich zog ihm einen riesigen Taurus-Magnum-Revolver aus dem Schulterhalfter und steckte ihn hinten in meinen Hosenbund.

»Da rein.« Ich zeigte auf das Hoftor, neben dem wir standen. Es war unverschlossen, dafür hatte ich gesorgt. Er ging vor mir her ins Dunkel des Fabrikhofs.

»Hier links«, sagte ich nach gut fünfzig Metern und dirigierte ihn zwischen zwei große Schrottcontainer. »Bis zur Mauer.«

»Die Giottos haben dich geschickt«, sagte er.

»Das kannst du dir also denken? Ich glaubte, jemand, der den Giottos Geld schuldet und dann zu regelmäßigen Zeiten über menschenleere Straßen geht, könnte nicht bis drei zählen.«

»Ich habe das Geld nicht. Nicht im Moment. Natürlich werde ich bezahlen, das habe ich Toto doch schon gesagt!« Sein Atem ging keuchend.

Ich schüttelte bedauernd den Kopf. »Ich glaube, du hast deine Lage nicht richtig verstanden. Du bist natürlich ein großer Junge, das sieht man ja schon an deinem Revolver – Junge, ist der groß!« Ich zog die Magnum aus dem Gürtel und warf sie in einen der Container. Blech klapperte. »Aber die Giottos spielen nicht mit großen Jungs – sie spielen mit Männern!« Noch immer atmete er schwer. Er schwieg.

»Schön, dass wir uns einig sind«, sagte ich, »das freut mich. Am Mittwoch wird jemand kommen und es abholen.«

»Ich kann es vor Donnerstag nicht aufbringen!«

»Am Mittwoch also.« Ganz langsam ließ ich die Waffe sinken. Der Leuchtpunkt kroch abwärts über sein Gesicht und seine Kehle, sank immer tiefer, bis zu seinem Knie. »Und glaub mir bitte: Das mit deinem Hund – tut mir wirklich leid.« Ich drückte ab.

»Hast du Zeit?«, fragte Jacques.

Ich nahm einen Schluck Rotwein. »Wie lange?«

»Schwer zu sagen. Einen Monat, sechs Wochen vielleicht.«

»Worum geht's? Lohnt es sich?«

»Oh ja.« Seine Runzeln verzogen sich zu einem breiten Grinsen. Er roch an seinem Glas und nahm einen Schluck. »Geld spielt bei denen keine Rolle.«

»Wo ist der Haken?«

»Es gibt eine ganze Reihe. Ich kenne den oder die Auftraggeber nicht. Sie wollen anonym bleiben. Und sie wollen was Spektakuläres. Mit Berichten im Fernsehen, wenn möglich. Wir müssten also Aufwand betreiben. Außerdem weiß der Mann möglicherweise, dass jemand etwas plant.«

»Das sind aber mächtig große Haken. Polizei?«

»Nein. Die spielen wohl nicht mit.«

Die Sonne schien durch das Fenster, das zu den Dünen ging. Ich bewegte mein Glas und beobachtete die Lichtreflexe, die der Rotwein auf die Tischplatte warf.

»Hundertfünfzigtausend. Dollar. Alle Spesen extra«, sagte Jacques.

Ich pfiff leise. »Das ist ein Wort.«

»Denke ich auch.«

»Wir haben noch nie für einen anonymen Kunden gearbeitet. Wie willst du das absichern?«

»Sie zahlen im Voraus. Komplett. Der Rest wäre Vertrauenssache.«

»Unschön.« Ich nahm einen Schluck Wein. »Wo?«

»Deutschland. Köln.«

Ich schüttelte den Kopf. »Nein.«

»Warum nicht?«

»Ich kann mich dort nicht frei bewegen. Jemand könnte mich erkennen.«

»Du warst seit fünfzehn Jahren nicht mehr da. Und Feinde hattest du dort doch wohl auch nicht. Oder Freunde. Die Stadt hat eine Million Einwohner.«

Ich sagte nichts. Nachdem er eine Weile spöttisch in sein Glas gesehen hatte, schwenkte er es ein paarmal, nahm einen Schluck und stellte es vor sich hin.

»Willst du mir nicht irgendwann mal erzählen, was für ein Problem du mit dieser Stadt hast?«, fragte er.

»Ich mag sie nicht.«

»Das kann doch nicht der ganze Grund sein.«

Ich rieb mir die Stirn. »Du kennst Köln nicht.«

»Klar kenne ich Köln! Maria wohnt da.«

Ich lachte. »Maria wohnt in Niehl. In Alt-Niehl – auf dem

Dorf. Stell dir so ein Dorf vor, mit einer hundertmal vergrößerten Kirche, das ist Köln. Ich renne dort ständig in meiner Kindheit herum. Und ich hasse das.«

Er stand auf. »Lass uns etwas Luft schnappen.«

Ich wusste, dass das Thema noch nicht durch war. Für Jacques war ich so etwas wie ein Spitzensportler, und er war der Trainer. Für ihn war es inakzeptabel, ohne nachvollziehbaren Grund einen Auftrag abzulehnen. Er kannte mich – besser als jeder andere.

Aber den kleinen Jungen kannte er nicht.

Niemand kannte den kleinen Jungen.

Wir nahmen den Weg in Richtung der Dünen. Die Sonne stand tief über dem Meer. Aus dem Hafen lief die Fähre nach Harwich aus. Pernod lief vor uns her und jagte einen Schwarm Austernfischer auf, der im Schlick nach Futter suchte. Erst als wir das Wasser erreichten, begann Jacques zu reden.

»Sie haben in Pierre's Bistro einen Umschlag abgegeben. ›An den Besten‹, stand drauf.« Er lächelte. »Zwei Fotos, ein Porträt und ein Schnappschuss mit Name und Adresse und ein Zettel.«

Ich sagte nichts. Wir gingen schweigend den Strand entlang.

»Der Beste. Das bist du. Sie wollen nicht irgendjemanden«, sagte er endlich, als er anhielt und sich nach einem blankgescheuerten Stück Treibholz bückte. Er pfiff den Hund herbei und warf das Holzstück ins Wasser. Pernod sprang in die Wellen und schwamm seiner Beute nach.

Jacques griff in seine Gesäßtasche und reichte mir den Zettel.

»Bringen Sie den Mann in den nächsten drei Monaten ins Fernsehen. Er wird versuchen, es abzulehnen, hat aber keine

20

offizielle Unterstützung. Wir möchten dabei nicht weiter in Erscheinung treten.« Dann der Preis und eine E-Mail-Adresse bei einem Gratisprovider.

Der Hund brachte das Holzstück zurück.

»Wie sollen wir uns absichern, wenn wir sie nicht kennen?«, fragte ich.

»Pierre hat die Autonummer des Kerls, der den Umschlag abgegeben hat. Das war natürlich nur irgendein Bote, aber es wäre eine Spur.«

Ein Lenkdrachen, den ein junger Mann über den Strand rasen ließ, versperrte uns den Weg am Wasser entlang. Jacques ging in die Hocke und begann, mit dem Holzstück im feuchten Sand zu bohren, während wir dem Fluggerät zuschauten. Pernod lag neben uns und starrte jiepernd auf das Holz. Nach einigen Minuten bohrte sich der Drachen krachend in den Boden, und der Weg war wieder frei.

»Hast du die Fotos hier?«, fragte ich, als wir weitergingen.

Er nickte.

»Lass mich noch mal drüber schlafen«, sagte ich. Jacques nickte nur und schleuderte das Holz den Strand hinauf. Pernod hetzte hinterher. Er überschlug sich fast, als er es erreichte.

»Gehen wir essen«, sagte Jacques.

***

Der Balkon meines Zimmers lag zur landwärtigen Seite des Hauses. Ich stützte mich auf die Holzbalustrade und blickte über die Marschlandschaft. Der Mond, fast voll, wurde immer wieder von treibenden Wolken verhüllt. Ich konnte nicht schlafen.

»Sprich mit mir, du kleiner Bastard.«
Der kleine Junge hatte nur zu Boden gestarrt. Er wusste, er würde nicht sprechen. Nie mehr. Er durfte niemandem erzählen, was er getan hatte. Niemandem, niemals.

Ich rieb mir die Augen. Dieses Jahr wäre der kleine Junge schon achtunddreißig geworden. Aber er war tot. Ich muss es schaffen, dachte ich. Ich muss es können. Es darf mich nicht beherrschen. Nicht mehr. Doch dieses Mal ließ die Angst mich nicht los. Die Angst vor den Gespenstern.

Vater hatte mir nur einmal erlaubt, den Revolver in die Hand zu nehmen. Er sei wertvoll, hatte er erklärt. Ein Sammlerstück, alt. Aus dem 19. Jahrhundert. Ein original Colt-Peacemaker. Er war schwer. Ich konnte ihn mit einer Hand nur mühsam in Position bringen. Der Abzug war für meinen Finger gar nicht zu betätigen. Vater hatte ihn mir mit einem Lachen wieder abgenommen und in der Vitrine mit den anderen Pistolen eingeschlossen. Ich hatte ihn später noch oft angebettelt, damit Cowboy spielen zu dürfen, doch er hatte es nie erlaubt. Er schenkte mir eine Schreckschusspistole. Eine Nachbildung, fast echt aussehend, aber viel leichter. Einfach ein Spielzeug. Und irgendwann lag sein Schlüsselbund auf dem Wohnzimmertisch.

Mutter lag im Bett, sie schlief fest. Ich wusste, dass es unmöglich war, sie zu wecken, wenn sie ihre Tabletten genommen hatte. Ich suchte nach Vater, aber er war nicht da. Er musste die Schlüssel vergessen haben. Ich nahm den Bund und schlich in sein Arbeitszimmer. Obwohl niemand mich hätte hören können, pirschte ich durch unser Haus wie ein Dieb. Ich war ein Dieb. Fahrig probierte ich die Schlüssel durch, bis ich den richtigen gefunden hatte, und nahm den Revolver heraus. Ich steckte ihn in den Hosenbund und schloss die Jacke darüber. Dann sperrte ich die Vitrine wieder ab, steckte den Schlüssel ein und flüchtete rennend in den Keller, von dort in den Garten. Unser Garten war groß, fast ein Park. Es gab dort Verstecke, die nur ich kannte. Unter den Zweigen eines dichten Nadelbaumes lag ich, auf den Boden gepresst, und wartete, bis ich sicher sein konnte, dass keiner hinter mir her war. Ich hatte mich hoffnungslos ins Unrecht gesetzt. Ich wusste nicht mehr, warum ich es überhaupt getan hatte. Wie Vater reagieren würde, konnte ich mir genau vorstellen. Mein Hals war verschnürt von Angst. Irgendwann kroch ich unter dem Baum hervor und rannte weiter in den Garten hinein, in ein anderes Versteck, zwischen drei Büschen. Langsam beruhigte ich mich etwas. Erst jetzt wagte ich, den Revolver hervorzuholen.

Ich drehte die Trommel und zog an dem Verschlussstift. Er bewegte sich nicht. Ich traute mich nicht, mit der nötigen Kraft zu ziehen. Die Waffe in beiden Händen, blickte ich über Kimme und Korn. Eine Elster saß auf einem Baum, nicht weit entfernt. Ich zielte auf sie.

»Pau!«, sagte ich. »Pau, pau.«

Die Elster flog von dem Baum herab und landete auf der Lehne der Bank, die neben dem kleinen Teich stand. Mit beiden Daumen drückte ich den Hahn nach hinten, er rastete mit einem sanften Klicken ein. Dieses Geräusch habe ich nie vergessen.

Wieder zielte ich auf die Elster, die mit schräg gelegtem Kopf in meine Richtung starrte. Ich hob den Revolver und zog mit der ganzen Kraft meiner Finger am Abzug.

Der Rückstoß war so stark, dass er mir den Colt aus den

Händen riss. Den Knall hatte mein geschocktes Gehirn gar nicht wahrgenommen, aber ich erinnere mich an das anhaltende Pfeifen in meinen Ohren. Ich kniete zwischen den Büschen, die Waffe lag vor mir auf dem Boden. Ich wartete gelähmt auf das, was passieren würde. Jemand musste den Schuss gehört haben. Sie würden mich kriegen. Meine Zähne klapperten. Die Zeit dehnte sich. Ich wartete auf mein Schicksal, doch nichts passierte.

Ich kann heute nicht mehr sagen, wie lange ich dort gekniet habe. Irgendwann löste sich die Lähmung, aber ich konnte mich nur zitternd bewegen. Ich raffte Laub und Erde unter den Büschen zusammen und häufte sie auf den Revolver. Dann kroch ich ins Freie und lief ins Haus. Es war niemand zu sehen. Ich ging in mein Zimmer und legte mich ins Bett, die Decke über den Kopf gezogen. Wieder wartete ich, und immer noch geschah nichts. Irgendwann hörte ich Mutter aus dem Schlafzimmer kommen und umhergehen.

»Tom, bist du in deinem Zimmer?«, brüllte sie aus der Küche.

»Ja«, antwortete ich, so laut ich konnte.

»Ich muss kurz in die Stadt«, rief sie.

Bald darauf hörte ich den Käfer in der Garage anspringen und wegfahren. Zögernd befreite ich mich von der Decke und stand auf. Ich fror. Vater schien immer noch fort zu sein. Ich nahm meinen ganzen Mut zusammen und ging in den Garten. Immer wieder um mich blickend, kroch ich in das Versteck und holte den Revolver hervor. Mit meiner Jacke wischte ich den Schmutz ab, so gut es ging. Ich steckte ihn in den Hosenbund. Immer noch war ich allein im Garten. Ich pirschte zurück in Vaters Arbeitszimmer und verschloss den Revolver wieder in der Vitrine. Als ich den Schlüsselbund auf den Wohnzimmertisch legte, konnte ich mein Glück kaum

fassen. Sie hatten mich nicht erwischt. Doch das schlechte
Gewissen war körperlich spürbar in meiner Kehle und mei-
nem Magen. Ich verkroch mich wieder in mein Zimmer. Bald
darauf kam Mutter zurück. Ich hörte sie in der Küche wer-
keln. Irgendwann kam sie die Treppe herauf in mein Zimmer.
»Hast du Vati gesehen?«, fragte sie.
»Nein«, antwortete ich. Meine Stimme war kratzig.
Mutter sah mich an. »Hast du was?«
»Nein«, sagte ich wieder.
Sie nickte und schloss die Tür hinter sich. Durch mein halb
offenes Fenster hörte ich sie in den Garten gehen und nach
Vater rufen. Sie bekam keine Antwort. Ich ging zum Fenster
und blickte zu ihr hinunter. Sie ging in den Garten hinein.
Von meinem Fenster konnte man fast den ganzen Garten
überblicken, bis zu der kleinen, von Büschen umstandenen
Wiese hinter dem Teich. Dort sah ich etwas liegen. Ich konnte
es zuerst nicht erkennen. Als schließlich kein Zweifel mehr
möglich war, weigerte ich mich trotzdem, zu glauben, was
ich sah.

Ich setzte mich auf den Boden und lehnte mich an die
Heizung.

»Nein«, sagte ich.

Es war für Jahre das letzte Wort, das Tom Stricker sprechen
sollte.

***

Jacques saß beim Frühstück, als ich die Küche betrat. Pernod
kam unter dem Tisch hervor und stand schwanzwedelnd vor
mir.

»Gut geschlafen?«, fragte Jacques.

»Geht so.« Ich rieb mir das Gesicht.

Jacques sah mich prüfend an. »Du siehst nicht gut aus.«
Ich zuckte die Schultern, während ich mir Tee einschenkte.
Jacques reichte mir den Korb mit den Croissants. »Möchtest du Eier?«

Ich schüttelte den Kopf. »Vielleicht eine Kopfschmerztablette.«

Er stand auf. Aus dem Küchenschrank nahm er ein Röhrchen, warf eine Tablette in ein Glas und goss Mineralwasser darüber. Ich nickte dankbar, als er es vor mich hinstellte. Er setzte sich wieder und nahm seine Zeitung. Pernod lag auf seinem Platz unter dem Tisch und hatte seine Schnauze auf meinen Fuß gelegt.

»Ich seh es mir mal an«, sagte ich, nachdem ich meine zweite Tasse Tee getrunken hatte.

Jacques las gleichgültig weiter in seiner Zeitung. Ich kannte ihn gut genug, um zu wissen, wie breit sein inneres Grinsen jetzt war.

»Ich nehme Pernod mit«, sagte ich.

»Klar.« Er legte die Zeitung beiseite. »Fährst du mit dem Kombi?«

»Ja.« Ich nahm noch ein Croissant und griff nach der Zeitung.

»Brauchst du was?«

»Kamera, sonst nichts. Ich will nur das Terrain sondieren, erst mal.«

»Wann kommst du zurück?«

Ich blickte zur Küchenuhr und überschlug die Zeit. »Morgen, denke ich.«

»Du könntest mal bei Maria vorbeischauen.«

Ich nickte und trank meinen Tee aus. »Gehen wir«, sagte ich.

Ich lud meine Reisetasche aus Jacques' Renault und verstaute sie in dem weißen Ford-Kombi. Jacques besaß drei Hallen am Rand des Hafengebietes, unauffällige Rolltore in einer langen Reihe anderer unauffälliger Tore. Diese bot Platz für fünf oder sechs Autos. Zurzeit standen drei darin. Alltagswagen, neben dem Ford ein Audi, ein Citroën. Alle mit scheinbar leicht vernachlässigtem Äußerem, technisch perfekt in Schuss und mit den größtmöglichen Motoren versehen. Im Ernstfall konnte man nie genug PS haben, wie ich hatte lernen müssen.

An den Wänden der Halle standen Stahlschränke mit soliden Schlössern. Jacques öffnete einen von ihnen und reichte mir zwei Aluminiumkoffer. Ich legte sie auf die Ladefläche des Kombis und klappte sie zur Kontrolle kurz auf. Einer enthielt eine professionelle Fotoausrüstung mit einem sehr großen Teleobjektiv, außerdem eine kleine Digitalkamera, die ich in die Tasche meines Jacketts steckte.

»Waffe?«, fragte Jacques, während er ein deutsches Nummernschild anschraubte.

»Nein.« Ich würde mit meinem Hund spazieren gehen und ein paar Fotos machen. Eine Waffe würde ich nicht brauchen.

»Ich werde mal Alex auf die Autonummer des Boten ansetzen«, sagte Jacques, als ich in den Wagen stieg.

»Und er soll versuchen, etwas über die Zielperson herauszufinden.«

»Gut.« Er griff in die Innentasche seiner Jacke und gab mir einen Umschlag. »Für Maria«, sagte er und klopfte zum Abschied mit der flachen Hand auf das Dach des Autos. Pernod saß hinten im Laderaum und winselte leise, als er Jacques zurückbleiben sah.

An einer Autobahnraststätte hinter der Grenze kaufte ich mir einen Stadtplan von Köln. Das Navigationssystem würde mich zu der Adresse führen, aber ich brauchte einen Überblick über die Umgebung.

Wieder im Wagen, nahm ich die Fotos aus der Brieftasche. Auf der Rückseite des Schnappschusses standen Adresse und Name: Jochen Berger. Ich drehte das Bild wieder um.

»So siehst du auch aus«, sagte ich. Ich schätzte ihn auf Mitte sechzig. Mittelgroß, mittelschwer, mittelblond – an dem Mann war nichts auffällig.

Die Straße lag im südlichen Teil des Hahnwaldes, einer Gegend, in der in meiner Erinnerung nur ein paar vereinzelte Villen standen. Der Plan zeigte jetzt eine geschlossene Bebauung. Meine Augen wanderten unwillkürlich weiter. Rodenkirchen lag gleich im nächsten Planquadrat. Der Garten tauchte in meinen Gedanken auf, der Blick aus meinem Fenster. Mutter, die rufend in den Garten ging. Die kleine Wiese hinter dem Teich.

»*Merde*«, sagte ich. Ich zwang meine Konzentration zurück auf den Stadtplan. Die Straße lag ganz in der Nähe der Autobahn. Ich ließ den Motor an. Eine Weile lauschte ich dem sonoren Summen des Sechszylinders, dann schob ich eine CD von Mischa Maisky mit Bachs Cellosuiten in den Spieler und versuchte, mich in die Musik zu versenken. Es gelang mir nicht. Das Bild verschwand nicht aus meinem Kopf.

Der Blick auf den Garten. Mutters Stimme. Das seltsame Etwas auf der Wiese. Ein grauer Haufen, komisch verrenkt. Leblos, wie ein großer Stein.

Vater.

Wieder fühlte ich die kalte Lähmung, die mich gepackt hatte. Auf dem Boden kauernd, den Rücken an die Rippen des Heizkörpers gepresst. Kaum in der Lage, zu atmen.

»Nein!« Wütend hieb ich auf das Lenkrad.

Pernod schnaufte und bewegte sich auf der Ladefläche. Ich zog den Zündschlüssel ab. Die Musik drang erst wieder in mein Bewusstsein, als sie gemeinsam mit dem Motor erstarb. Es war eine ungewohnte Steifigkeit in meinen Gliedern, als ich ausstieg und die Heckklappe öffnete.

»Komm, Alter, lass uns ein Stück laufen«, sagte ich. Wir gingen den Versorgungsweg der Raststätte entlang auf einen Wald zu. Ich versuchte, die Steifheit aus meinem Körper zu schütteln. Schließlich begann ich zu laufen. Pernod trabte vor mir her. Wir bogen in einen schmalen Pfad ab. Es regnete nicht mehr, aber von den Bäumen fielen noch dicke Tropfen und durchnässten mein Sweatshirt. So tief wie möglich atmend, stürmte ich vorwärts, fast blindlings. Ein Stein, eine Wurzel ließ mich straucheln, sodass ich endlich anhielt. Mit geschlossenen Augen und geballten Fäusten blieb ich auf dem Weg stehen.

»Scheiße!«, brüllte ich. »Gottverdammte Scheiße!«

Pernod stand vor mir und bellte mich an. Eine Weile ignorierte ich ihn, aber er hörte erst auf, als ich die Augen öffnete und ihn unter der Schnauze kraulte. Es dauerte ein wenig, bis er sich beruhigte.

»Schon gut, Alter. Schließlich sind wir Profis, was?«

Langsam, die Hände in den Taschen vergraben, ging ich wieder in Richtung Auto.

***

Schon als ich in das Wohngebiet einbog, wurde mir klar, dass es ein schwieriger Job werden würde. Der Stadtteil war von Wald umgeben und bestand meistenteils aus Villen, mindestens aber großen Doppelhäusern. Ein Anwesen war komplett mit Sichtschutzzäunen eingefasst und nahm einen ganzen Block ein. Die Vorfahrt war groß wie ein Tennisplatz, die Pförtnerloge fast ein Einfamilienhaus. Ein Wagen einer Securityfirma parkte dort. Ich hielt die kleine Kamera in der Hand und filmte unauffällig aus dem Seitenfenster, während ich zunächst ziellos durch die Straßen rollte. Ich wollte einen Eindruck der Umgebung gewinnen. An fast allen Häusern sah ich Aufkleber mit dem Emblem der Wachfirma. Nichts bewegte sich. In den meisten Toreinfahrten hingen Basketballkörbe, aber Kinder waren nirgendwo zu sehen. Nur eine einzelne Frau war in ihrem Vorgarten beschäftigt. Als ich vorbeirollte, unterbrach sie ihre Arbeit und sah dem Wagen nach.

Das Haus, das ich suchte, lag auf einem Eckgrundstück. Ich lachte leise. Mit einem vergleichbaren Haus hatten wir es erst einmal zu tun gehabt, in L. A. Der Bungalow war groß, hatte elegante Proportionen und war umgeben von einem üppig, aber nur niedrig bewachsenen Vorgarten. Die Garage war in das Gebäude integriert. Es leuchtete in einem strahlenden Weiß. Die Tür und das Garagentor waren in einem geschmackvollen Cremeton gehalten. Das Haus passte perfekt in diese Gegend.

Und es besaß kein einziges Fenster.

Den Wagen stellte ich in einer Straße am Waldrand ab. Pernod sprang hechelnd heraus, sobald ich die Heckklappe öffnete. Er sah mich vorwurfsvoll an, als ich ihn anleinte, aber ich wollte hier nicht in Diskussionen geraten.

Ich schlenderte durch die Straßen zu dem Haus zurück. Einige der Nachbarhäuser stammten aus den Sechzigern, aber die meisten waren jünger. Neben einer Reihe wirklich eleganter Bauten gab es etliche architektonische Lachnummern, aber selbst diesen sah man das Geld an, das sie gekostet hatten.

Ich ging an dem Haus vorbei. Von der Straße aus war nicht festzustellen, ob es vielleicht Fenster zu den Nachbargrundstücken gab. Aber von dort zu operieren war in einer solchen Gegend ohnehin nicht möglich. Zur Straße zeigte das Haus nichts als eine abweisende Wand. Ich vermutete, dass sämtliche Fenster zu einem Innenhof oder Atrium hin lagen. Auf dem Flachdach waren zwei Lichtkuppeln zu erkennen. Ich kniete mich hin und beschäftigte mich mit Pernods Ohr. Während ich irgendwas aus seinem Fell klaubte, zog ich die Kamera hervor und machte aus der Hand ein halbes Dutzend Aufnahmen. Dann stand ich auf, ging um Pernod herum und untersuchte das andere Ohr.

Gegenüber lag eine Schule, anscheinend das einzige öffentliche Gebäude in dem gesamten Wohnviertel. Hinter einem alten, ehemals herrschaftlichen Verwaltungsgebäude war ein zweistöckiger Block aus Containern aufgestapelt, in dem sich die Klassenräume befanden. Die Ärmlichkeit dieses Provisoriums stand in absurdem Gegensatz zu den Wohnhäusern, in deren Mitte es lag. Vor der Schule, nah an der Straße, standen drei hohe Pappeln. Links neben dem Schultor führte ein unbefestigter Weg zu einer Baustelle, die von der Straße aus nicht einsehbar war. Ich fotografierte alles in dieser Richtung.

Als ich mich aufrichtete, um weiterzugehen, hörte ich hinter mir ein Summen und drehte mich um: Das Garagentor fuhr auf. Ich zählte die Sekunden mit, die es brauchte, um sich zu öffnen. Ein M-Klasse-Mercedes stieß rückwärts aus der Garage. Er wendete in der breiten Einfahrt. Ich zog die Kamera wieder aus der Tasche und knipste aus der Hüfte in Richtung des Wagens. Am Steuer saß eine junge Frau, dunkel gelockt. Als sie den Wagen am Straßenrand abbremste, sah sie mir direkt ins Gesicht. Ich machte ein weiteres Foto. Der Wagen hielt eine Sekunde länger, als nötig gewesen wäre. Diese ganze Sekunde lang sah sie mir starr in die Augen, bevor sie endlich den Wagen davonschießen ließ. Meine antrainierte Routine lief ab, ohne dass ich darüber nachdenken musste. Während ich hinter dem Auto herfotografierte, merkte ich mir die Nummer. Gleichzeitig zählte ich die Sekunden, die das Tor brauchte, um sich wieder zu schließen. Doch das alles war völlig reflexhaft.

Es war nur ein Blick gewesen. Aber er hatte keinen Zweifel gelassen.

Sie wusste, warum ich hier war.

»*Sie rechnen mit uns, Jacques!*«

»*Woher willst du das wissen?*«

»*Er hat mich angesehen. Er kam aus dem Restaurant und hat mir direkt ins Gesicht gesehen. Er kann nicht wissen, wer ich bin, aber er weiß es. Ich hab es gespürt!*«

Jacques schwieg einen Moment, bevor er antwortete. »*Ich gebe eine Menge auf deinen Instinkt, das weißt du. Okay, sie rechnen also mit dir. Und? Du kannst nicht davon ausgehen, dass alles immer so glattläuft wie bei den ersten beiden Malen.*«

Ich erinnerte mich gut, wie mich ein solcher Blick das erste Mal getroffen hatte. Bis dahin war ich stolz auf meine Nerven gewesen. Ich hatte gespürt, dass Jacques von meinen ersten Jobs beeindruckt war, auch wenn er es natürlich nicht gesagt hatte. Zum ersten Mal in meinem Leben hatte ich das Gefühl, eine Sache zu tun, die ich besser konnte als andere. Ich kannte Gefahr, sie beeindruckte mich nicht; und getötet hatte ich, bevor ich lesen konnte. Aber nun drohte dieser eine Blick alles zu ändern.

Nachdem mir der Mann in die Augen gesehen hatte, war ich in meinen Wagen gesprungen und wie ein Irrer nach Brüssel gefahren. Die Observation hatte gerade erst begonnen, alles war normal gelaufen bis dahin – aber in diesem Moment, als er mich so unvermittelt ansah, hatte ich das Gefühl, nackt vor ihm zu stehen, wehrlos.

Mit einer Schrift auf der Stirn:

Killer.

»Wir können den Plan ändern«, sagte Jacques.

»Den Plan ändern, darum geht es doch gar nicht, es ist ... Woher weiß er, dass ich es bin? Ich meine, ist irgendwas an mir, das ...? Ich habe nur dort gestanden.«

Jacques zündete sich einen Zigarillo an. Eine lange Zeit sagte er nichts. »Es läuft nicht immer so rational, wie wir es gern hätten«, sagte er schließlich. »Wir bemühen uns, alles unter Kontrolle zu halten. Das klappt auch meistens. Aber eben nicht immer. Du bist noch jung. Es ist erst dein dritter Job. Du musst diese Erfahrung machen. Manchmal gibt es eine Ebene, die wir nicht verstehen. Wenn wir die betreten, können wir nur versuchen, uns selbst zu kontrollieren. Alles andere passiert einfach. Wenn du es für zu gefährlich hältst, brich ab.«

Ich rieb mir mit beiden Händen die Augen. Die Gefahr war nicht das Problem, selbst wenn der Mann sich jetzt verschanzen oder zum Angriff übergehen würde. Er hatte in meinen Augen gesehen, dass ich ihn töten würde. Ich war sein Schicksal, er wusste das, und ich wusste, dass er es wusste.

»Wenn ich abbreche, arbeitest du dann weiter mit mir?«

Er blies Rauch in Richtung Decke, dann sah er mir in die Augen. »Nein«, sagte er.

»Lass uns den Plan ändern«, sagte ich.

***

Marias Pension lag in Niehl, in einer kleinen Straße am Nordende des Hafens. Ich hatte mir Zeit gelassen. Es war fast dunkel, als ich ankam.

»Timothy, mein lieber Junge!« Sie trug wie immer eine Schürze, als sie die Tür öffnete. Ich trat ein. Sie umarmte mich, tätschelte Pernod und winkte uns in die Küche.

Sie vermietete keine Zimmer mehr. Früher hatte sie viele Gäste gehabt, meist Arbeiter, die bei Ford auf Montage waren, aber sie hatte die Lust daran verloren. Jacques hatte sie darin bestärkt, aufzuhören. Wirklich nötig hatte sie es nie gehabt, und für uns war es einfacher.

»Wie schön, dich zu sehen. Ihr habt lange nichts von euch hören lassen«, sagte sie, während sie Teewasser aufsetzte. »Wie geht es Jacques?«

»Gut, bis auf sein Asthma. Ich soll dich grüßen.« Ich zog den Umschlag aus der Tasche und legte ihn auf den Tisch. Als sie die Teetassen hinstellte, nahm sie ihn ohne Worte und Zögern an sich und steckte ihn in ihre Schürze.

»Gab's Post?«, fragte ich.

»Ja. Ich bring sie dir gleich.« Sie holte eine Schachtel Beuteltee aus dem Schrank. »Schwarzer?«, fragte sie. »Mit wenig Zucker?«

Ich nickte lächelnd. Sie war stolz auf ihr Gedächtnis. Im nächsten Jahr würde sie achtzig werden, und sie tat alles, um rege zu bleiben. Doch in den letzten Jahren hatte ihre Kraft immer mehr abgenommen. Ich sah sie alle drei, vier Monate und bemerkte es immer deutlicher.

»Braucht der Hund irgendwas?«

»Im Moment nicht.«

»Willst du hier schlafen?«

»Wenn du ein Zimmer frei hast.«

»Für dich haben wir doch noch immer ein Bett gefunden,

mein Junge.« Sie goss das kochende Wasser in die Kanne und brachte sie zum Tisch.

»Hast du ein Abendbrot für mich?«

»Aber ja doch. Was möchtest du?«

»Irgendwas. Eier mit Speck oder so.«

»Mach ich dir. Fragst du mich nachher wieder ab?«

»Natürlich. Wie immer. Aber erst nach dem Essen.«

»Gut. Trink deinen Tee, ich geh die Post holen.« Sie verschwand in der Diele und kam mit zwei kleinen Stapeln Post zurück, die sie vor mich auf den Küchentisch legte. Ich sah sie durch, während Maria sich am Herd zu schaffen machte. Der eine Stapel war an Thomas Conzen, der andere an Thorsten Cornelius adressiert. Es waren Werbesendungen, die Maria schon vorsortiert hatte, jeweils eine Wahlbenachrichtigung und viele Rechnungen. Die beiden Männer waren seit Jahren hier gemeldet, besaßen Konten, Kreditkarten, Handys, Autos und Internetanschlüsse. Sämtliche Rechnungen wurden per Einzugsermächtigung oder Dauerauftrag zuverlässig und sofort bezahlt. Sie waren gute und unauffällige Kunden, etwa in meinem Alter, sie hatten meine Initialen, ihre Passfotos sahen mir zum Verwechseln ähnlich, und es gab sie beide nicht.

Es war weniger Post als erwartet. Ich brummte verwundert.

»Alles in Ordnung?«, fragte Maria vom Herd her.

»Die Kreditkartenabrechnungen vom letzten Monat sind noch nicht da?«, fragte ich.

»Nein.« Sie blickte zu dem Apotheken-Kalender über der Spüle. Das Foto darauf war aus dem Berchtesgadener Land. »Sie kommen nicht immer am gleichen Tag«, sagte sie, »bestimmt kommen sie morgen.«

»Wahrscheinlich. In welchem Zimmer soll ich heute schlafen?«

»Wie immer, mein Junge, im ersten Stock rechts.«

Ich brachte meine Tasche rauf und zog mir bequemere Schuhe an. Als ich wieder in die Küche kam, stellte Maria einen Teller mit einem großen Bauernomelett auf den Tisch.

»Wein?«, fragte sie.

»Mineralwasser.«

Ich schob ihr die Briefe über den Tisch, und sie steckte sie in die Schürzentasche. Der rötliche Schein der Küchenlampe spiegelte sich in ihren Augen und ließ sie aufblitzen. Ich lächelte. Ich war gern bei ihr.

Sie ging durch die Diele zur Kellertür. Dort unten stand ein funktionstüchtiger Kohleofen. Zum Heizen benutzte sie ihn nicht mehr, aber zur Entsorgung brennbarer Materialien leistete er gute Dienste.

Als ich aufgegessen hatte, kam sie wieder rauf. Sie räumte das Geschirr ab und setzte sich zu mir.

»Ich würde Jacques gern noch mal sehen.« Ihr Gesicht strahlte jetzt großen Ernst aus, als spüre sie die Zeit.

»Ich werd es ihm ausrichten, vielleicht kann ich ihn ja endlich mal aus seinem Fuchsbau locken, aber ...«, ich zuckte die Schultern, »du kennst ihn ja.«

»Oh ja, ich kenn ihn.« Maria lächelte verhalten, erinnernd.

Sie kannte ihn – besser als ich sogar. Damals, in den Fünfzigern, als er verletzt aus dem Indochina-Krieg zurückgekommen war, hatte sie ihn gepflegt. Ihr Mann war dort gefallen, er war Jacques' Kommandeur gewesen, in einer Fallschirmspringer-Einheit. Sie war etliche Jahre älter als Jacques. Ich vermutete, dass die beiden sich damals gegenseitig Stütze gewesen waren. Sie war der einzige Mensch, dem er blind vertraute.

Ihr Blick kehrte zurück, wach wieder und hier. »Ich würde gern ein paar Schritte gehen.« Sie nickte mir aufmunternd zu. »Magst du mitkommen? Du kannst mich dabei abfragen.«

»Ja«, sagte ich und stand auf.

In der Diele half ich ihr in den Mantel, und wir verließen das Haus. Sie versuchte, forsch auszuschreiten, aber sie kam nicht mehr so voran wie früher. Pernod lief vor uns her in Richtung Rhein. Wir überquerten den Damm und stiegen die Brücke über die Hafeneinfahrt hoch. An ihrem höchsten Punkt blieben wir am Geländer stehen. Unter uns lief ein mit Baumstämmen beladener Frachter in den dunklen Hafen ein.

»Thorsten Cornelius?«, fragte ich.

»Martha«, antwortete sie ohne Zögern.

»Thomas Conzen?«

»Petra.«

»Die Schwester?«

»Polizei.«

»Marthas Schwester kann nicht kommen?«

»Die Polizei wird nach Thorsten Cornelius fragen.«

»Und?«

»Ich verbrenne seine Post und sage ihnen, er sei vor drei Monaten ausgezogen. Ich habe keine Ahnung, wohin.«

»Die Tante?«

»Jemand, den wir nicht kennen.«

»Genau. Petras Tante kann nicht kommen?«

»Irgendjemand wird nach Thomas Conzen fragen. Ich stelle mich dumm.«

»Meine Katze ist gestorben.«

»Höchste Gefahr, ich muss verschwinden.« Sie lächelte. »Meinst du, das brauchen wir noch? Bin ich nicht langsam ein bisschen alt dafür?«

»Kann man nie wissen. Ich hoffe, wir brauchen es nie. Joachims Auto ist kaputt?«

»Jacques braucht meine Hilfe.« Immer noch lächelte sie.

Ich sah sie von der Seite an. Ich mochte ihr Gesicht. Sie musste einmal sehr schön gewesen sein. Ein Mann kam die Brücke herauf. Wir gingen an ihm vorbei in Richtung Molenkopf.

»Frag mich mehr«, sagte sie.

»Die Polizei hat nach Thorsten Cornelius gefragt?«

»Marthas Schwester ist krank.«

So ging es weiter, während wir dem schmalen Weg folgten, der zwischen Rhein und Hafen entlangführte. Sie beherrschte den Code fehlerfrei. Ihr Geist war noch voll da – doch ihre zunehmende Gebrechlichkeit machte mir Sorgen. Maria stellte in vielen unserer Notfallpläne ein wichtiges Glied dar, und ich machte mir Gedanken, wie wir sie irgendwann ersetzen konnten. Ich hatte mich noch nicht durchringen können, mit Jacques darüber zu reden.

»Tilly macht drei Wochen Urlaub.«

»Du brauchst ein Zimmer für drei Wochen.«

»Das könnte übrigens demnächst passieren.«

»Gut«, sagte sie. »Lass uns nach Hause gehen. Ich werde müde.«

✳✳✳

Meine Schlaflosigkeit wurde langsam zum Problem. Ich lag auf dem Bett und starrte aus dem Fenster. Der Mond wurde teilweise verdeckt von der Rauchsäule des Heizkraftwerks. Ich hatte mir die Beethoven-Biografie von Felix Huch aus Marias Bücherregal genommen, aber ich konnte mich nicht darauf konzentrieren. Seufzend richtete ich mich auf und setzte mich auf den Bettrand. Mein Blick fiel in den Spiegel an der Kleiderschranktür. Im gelben Licht der Nachttischlampe sah ich zum Fürchten aus. Meine Augen lagen im Schatten, und die gezackte Narbe an meiner Taille hob sich dunkel von meiner Bauchdecke ab. Die Haare standen mir in struppigen Wirbeln und ein bisschen fettig vom Kopf. Halb vier. Ich rieb mir den Nacken.

Der Blick. Der Blick der Frau, er ließ mich nicht los. Ich war ihr Schicksal, sie hatte es erkannt, genau wie der Mann damals. Aber diesmal war es anders. Ich würde sie nicht töten. Es war etwas Schlimmeres. Ich wusste nicht, was. Aber ich würde es herausfinden müssen.

Ob ich wollte oder nicht.

Ich zog mich an und ging die Treppe hinunter. In der Küche nahm ich den Hausschlüssel vom Haken. Pernod kam neugierig aus dem Wohnzimmer.

»Spazieren?«, fragte ich, doch er drehte sich wieder um und trottete in Richtung seiner Decke. Ich ging aus dem Haus zum Rheinufer und setzte mich auf eine Bank. Ein großer Tanker fuhr flussaufwärts. Ein Scheinwerfer beleuchtete sein Deck. Jemand arbeitete dort inmitten des Röhrengewirrs. Ich starrte über das schwarze Wasser.

Der Blick der Frau.

Der Blick des Mannes.

Wir hatten den Plan geändert, damals. Der neue Plan war sicherer im Resultat, aber erheblich gefährlicher für mich. Ich hatte meinen Ohren nicht getraut, als Jacques das Vorhaben skizzierte. Bis heute hatten wir nichts derart Riskantes mehr unternommen. Aus technischer Sicht war es unprofessionell, aber ich wusste, dass hinter Jacques' Plan die Absicht steckte, meine Nerven zu testen. Deshalb protestierte ich nicht.

Denn es war nicht die Angst vor der Gefahr gewesen: Es

war die Angst vor der Schrift auf meiner Stirn. Ich hatte eine unruhige Nacht verbracht und einen einsamen Tag am Strand. Nicht einmal Pernod hatte ich mitgenommen, und als die Sonne unterging, war mir klar, dass dort auf meiner Stirn die Wahrheit stand. Ich würde mich Jacques beweisen.

Tatsächlich stellte sich die Änderung des Plans als ganz unnötig heraus. Der Mann reagierte nicht auf unsere Begegnung. Als wäre nichts gewesen, ging er seinen Gewohnheiten nach. Er besuchte dieselben Restaurants, empfing Besuche, ging zu Partys. Bald war ich mir meiner Meinung gar nicht mehr sicher. Ich konnte mich getäuscht, mir etwas eingeredet haben. Aber Jacques hatte mir mein Gefühl ohne zu zögern abgenommen. Er zweifelte es nicht an, und er wusste immer, was er tat. Ich vertraute seiner Meinung mehr als meinen Zweifeln.

Jeden Donnerstag fuhr gegen zweiundzwanzig Uhr ein Callgirl vor. Es waren drei, die sich abwechselten, der Termin blieb aber stets unverändert. Sie betrat das Haus, kurz darauf leuchtete in einem Zimmer im ersten Stock der schwache Schein einer Nachttischlampe auf. Sie blieb zwischen fünfzig und neunzig Minuten.

An diesem Abend wartete ich im Garten des Nachbarhauses darauf, dass das Licht anging. Dreißig Minuten später steckte ich den Knopf meines Funkscanners ins Ohr, zog die Sturmmaske vors Gesicht und kletterte über den Zaun. Der Bewegungsmelder schaltete die Scheinwerfer und die Videoüberwachung ein. Ich ging zügig zur Verandatür, drückte auf den Startknopf der Stoppuhr an meinem Handgelenk und schoss dann mit der schallgedämpften Halbautomatik ein Loch in die Scheibe. Die Alarmsirene heulte los. Das würde zunächst keine Konsequenzen haben. In dieser Gegend gab es alle paar Tage einen Alarm, niemand kümmerte sich mehr darum. In den letzten Tagen hatte ich noch für etliche zusätzliche Fehlalarme gesorgt. Bis der Wachdienst auftauchte, verging im Normalfall eine Viertelstunde, selten weniger. Ich hörte mit dem Scanner ihren Funk ab. Meistens war es nur ein Mann, aber manchmal kamen sie auch zu zweit. Es blieb ein Unsicherheitsfaktor.

Das Geheul der Sirene war aus der Nähe schmerzhaft laut, doch es durchdrang meine Konzentration nicht. Ich vergrößerte das Loch, griff hindurch und öffnete die Tür. Dann lief ich die Treppe hinauf zum Schlafzimmer. Die Tür stand offen; sie lag rechts vor mir. Um mit der Rechten aus der Deckung hineinschießen zu können, musste ich daran vorbei.

Ich stellte mich mit dem Rücken zur Wand neben die Tür, holte den Handspiegel aus der Tasche und hielt ihn in die Türöffnung. Seit ich den Alarm ausgelöst hatte, waren zwölf Sekunden verstrichen – Zeit genug für den Mann, mit einer Waffe in Deckung zu gehen.

Doch aus dem Zimmer drohte keine Gefahr. Im Spiegel sah ich ihn. Er saß nackt auf dem Bettrand, vorgebeugt, die Arme vor seinem mächtigen Bauch verschränkt.

Als ich mit der gehobenen Waffe in die Tür trat, sah er mich nur an. Die Frau lag im Bett, auf die Ellbogen gestützt. Ihre Stirn zeigte eine steile Falte, ihr Blick war eher neugierig als ängstlich.

»Tu ihr nichts«, sagte der Mann.

»Wenn sie ruhig bleibt«, sagte ich.

»Schon okay.« Sie bewegte sich nicht, nur ihre Augen zuckten zwischen uns hin und her. Im Kopfhörer empfing ich die Meldung der Alarmzentrale.

»Alarmmeldung Lessingstraße 25. Wagen 3, seid ihr noch da in der Nähe?«

Ich warf ihr die Handschellen aufs Bett. »An die Heizung, schnell.«

Sie nahm sie und streifte das Laken beiseite.

»Hier Wagen 3. Wir sind gleich um die Ecke.«

Nackt setzte sie sich auf den Boden neben den Heizkörper und schloss ihre linke Hand an das Zuleitungsrohr.

»Vielen Dank«, sagte ich.

Der Mann saß bewegungslos vor mir, den Kopf gesenkt. »Ich wusste, dass du kommst.« Jetzt hob er den Kopf und sah mich an. »Du warst vor Marios Restaurant neulich, nicht wahr?«

Jacques hatte recht: Ich hatte mich nicht getäuscht. Das Gefühl der Sicherheit, das der Mann mir mit seinem Blick genommen hatte, kehrte zurück. Ich atmete tief ein.

Der Mann lächelte eigenartig. »Zuerst hatte ich Angst. Sehr sogar. Aber jetzt ... Es muss wohl so sein.«

»Ja«, sagte ich.

Sein Lächeln erstarb, er senkte den Kopf wieder. »Ich bin tatsächlich froh, dass es vorbei ist.«

»Ich auch«, sagte ich.

Er war der fünfte Mensch, den ich tötete.

Als ich die Treppe hinunterlief, klingelte es an der Tür – der Wachdienst war schon da. Ich sah auf die Stoppuhr: weniger als drei Minuten. Die Sirene heulte noch immer. Wenn niemand öffnete, würden sie in den Garten gehen. Als ich aus der Verandatür trat, sah ich einen der Wachmänner bereits auf mich zukommen. Ich hob meine Waffe und zielte zwischen seine Augen.

»Keine Faxen, Sheriff«, sagte ich.

Er hob wortlos die Hände.

»Funkgerät und Handy.«

Er reichte mir beides zögernd. Als ich es gerade gegriffen hatte, kam der andere Wachmann um die Ecke. Er erstarrte, als er mich sah.

42

»Mach keinen Fehler, sonst leg ich ihn um«, sagte ich.
Er nickte.

»Komm langsam her. Ich will dein Handy und dein Funk-gerät.«

Er gehorchte. Ich nahm die Geräte und schoss ihm in den Oberschenkel. Er schrie auf und knickte ein. Der andere zuckte zusammen, als der Schuss fiel. Er sah mich entsetzt an. Ich schüttelte entschuldigend den Kopf. »Tut mir leid, aber ich bin in Eile«, sagte ich und schoss auch ihm ins Bein. Dann sprang ich über den Zaun in den Nachbargarten und warf Handys und Funkgeräte dort ins Gebüsch. Meine Fluchtroute führte durch insgesamt sechs Gärten zu einer Parallelstraße, wo der Wagen vor einem leer stehenden Ein-familienhaus parkte. Ich lief gleichmäßig und setzte, ohne anzuhalten, über die Gartenzäune. Als ich im letzten Garten ankam, blieb ich stehen, ließ die Waffe sinken und atmete zehnmal mit geschlossenen Augen tief und konzentriert durch. Ich hörte die Wachmänner um Hilfe rufen. Ich hätte sie knebeln müssen, doch dazu fehlte die Zeit. Ich fühlte nach meinem Puls. Er war okay.

Der Mülleimer des Hauses stand in einem Gebüsch am Gartentor. Ich holte das Paar Schuhe daraus hervor und zog sie an. Die anderen deponierte ich im Mülleimer, zusammen mit der Sturmmaske, der Munition und der Waffe. Sie war sauber, sie würde ihnen nichts nützen.

Die Sirene lief länger als die erlaubten drei Minuten, sie hätte längst abschalten müssen. Ich sah auf die Stoppuhr: fünfeinhalb – seit mindestens einer Minute hätte ich im Wa-gen sitzen sollen. Versteckt hinter dem Gebüsch beobachtete ich die Straße. Gegenüber öffnete sich ein Fenster, ein Mann sah heraus.

»Wagen 3?«

Ich nahm den Scanner aus dem Gürtelfutteral und stellte ihn auf Polizeifunk um. Nach sechs Minuten schaltete die Sirene ab. Der Mann machte keine Anstalten, vom Fenster wegzugehen.

Ich wartete.

»Konrad für Konrad 1417 und 1419.«

»Konrad 1419 hört.«

»1417 hört auch.«

»Fahren Sie Lessingstraße 25 mit Sonderrechten. Anrufer Jürgens, Lessingstraße 23. Zwei verletzte Personen im Garten. Es soll geschossen worden sein. Näheres nicht bekannt. RTW ist unterwegs.«

Nach neunzig Sekunden hörte ich das erste Martinshorn. Immer noch stand der Mann am Fenster. Der Plan, unbemerkt zu entkommen, war nicht einzuhalten.

Ich nahm die Waffe wieder aus dem Mülleimer und schob ein neues Magazin ein. Auch die Maske zog ich wieder über. Der Mann am Fenster sah mich an, als ich aus dem Gartentor trat. Ich stieg in den Wagen und fuhr los in Richtung Autobahn. Nach dreihundert Metern kam mir ein Polizeiauto mit Blaulicht entgegen. Ich entsicherte die Pistole, aber es raste vorbei.

Ich hielt mich an die Geschwindigkeitsbegrenzungen. Meiner Schätzung nach würde es zehn Minuten dauern, bis der Wagen zur Fahndung ausgeschrieben wurde. Wenn ich bis dahin auf der Autobahn war, wäre die größte Gefahr vorüber.

In der Ortsdurchfahrt von Dabringhausen stand ein Streifenwagen in einer Bushaltebucht. Als ich an ihm vorbei war, fuhr er los und folgte mir. Es sah nicht nach einer Verfolgung aus, eher nach einer Routinekontrolle. Als ich den Blinker setzte, um abzubiegen, leuchtete im Rückspiegel das rote

»STOPP POLIZEI« auf. Ich bog ab und gab Gas, der Sechszylinder brüllte auf. Die Strecke war steil und kurvig, sie würden nicht mithalten können.

»Konrad für Konrad 1619. Verfolgen Fahrzeug, Kreisstraße 18, Dabringhausen Richtung Hilgen, dunkler 3er BMW, Düsseldorf Trennung Berta Dora 163. Ist uns bei Kontrolle abgehauen.«

Die Straße führte durch dichten Wald. Nach einem Kilometer war ich außer Sicht. Hinter einer Kurve bremste ich brachial und bog nach links in einen Forstweg. Ohne Licht rollte ich von der Straße weg in das Tannengehölz hinein. Nach wenigen Sekunden sah ich den Streifenwagen im Rückspiegel vorbeihetzen.

Ich setzte zurück auf die Straße und fuhr dann über Altenberg zur Autobahn. In Köln-Holweide stellte ich den Wagen am Straßenrand ab, die Waffe ließ ich im Handschuhfach. Ich ging ein paar Blocks weit, hielt ein Taxi an und fuhr zum Bahnhof. Im Zug nach Brüssel schlief ich vor Erschöpfung ein.

✳✳✳

»Wie geht es ihr?«, fragte Jacques.

»Gut.« Ich zögerte. »Aber sie wird alt.«

»Ich weiß nicht, wie lange wir sie noch so belasten können.« Er klang bekümmert.

»Im Kopf ist sie fit.«

»Gott sei Dank.«

»Sie fragt nach dir.«

»Ja … Ich habe sie vernachlässigt.«

»Besuch sie doch einfach mal. Sie würde sich freuen.«

»Ja.« Er ging zum Kühlschrank und holte eine Flasche

Weißwein heraus. »Du siehst schlecht aus«, sagte er. »Seit letztem Mal schon.«

Mit beiden Händen rieb ich mir die Augen. Sie brannten.

»Ich kann nicht schlafen.«

»Warum?« Er sah mich forschend an.

Ich erwiderte seinen Blick. »Vergangenheit«, sagte ich.

Er nickte.

Vergangenheit war die Grenze. Die respektierte Grenze, hinter die wir uns zurückziehen konnten; hinter die der andere nur sehen durfte, wenn wir sie ihm öffnen wollten – was sehr selten geschah.

Es war die Grenze, hinter der die Gespenster lebten.

Indochina.

Ein kleiner Junge.

Vater.

»Wie war's in Köln?«, fragte Jacques.

»Lass uns erst was essen, dann reden wir drüber.«

»Gut. Ich koch was. Ich war auf dem Markt.«

»Muscheln?«

»*Oui.*«

»*Très bon*«, sagte ich.

Nach dem Essen schloss ich die Kamera an den Fernseher an.

Das Bild zeigte zunächst die umliegenden Straßen und Gebäude.

»Schwierige Gegend«, sagte Jacques.

Ich nahm einen Schluck Wein. Auf dem Fernseher erschien der fensterlose Bungalow. »Das ist das Haus von Berger.«

»Das darf ja wohl nicht wahr sein!«, entfuhr es ihm. »Erinnert mich an L. A.«

Ich grinste. »Solange er nicht rauskommt, haben wir kaum eine Chance.«

»Wo ist die Schwachstelle?«

»Die liegt gegenüber.« Auf dem Bildschirm war jetzt das Schulgebäude zu sehen. »Das Haus ist außerhalb der Schulzeiten leer. Das Wochenende steht uns zur Verfügung, leider sind keine Ferien.« Das Video endete. »Und dann gibt es *noch* ein Problem …« Ich wählte das Foto der jungen Frau in dem Mercedes aus.

»Wer ist das?«, fragte Jacques.

»Ich weiß es nicht. Sie kam aus dem Haus. Und sie weiß, was ich vorhabe.«

Er sah mich kurz an, dann wieder den Bildschirm. »Kennt sie dich? Von früher vielleicht?«

»Nein.« Ich startete das Video erneut. »Es ist kein gutes Gefühl«, sagte ich. »Es gibt eine Verbindung zwischen ihr und mir. Aber ich kenne sie nicht.«

»Willst du es machen?«

Ich drehte mein Weinglas auf dem Tisch. »Wollen – nein.« Ich wartete auf sein »Aber?«, doch er sah mich nur geduldig an, bis ich fortfuhr. »Ich habe gar keine Wahl. Es wird passieren. So oder so. Früher oder später.«

Er runzelte die Stirn. »Was? Was wird passieren?«

»Ich weiß es nicht.«

Jacques starrte auf das Video. »Wir wissen ohnehin zu wenig«, sagte er. »Viel zu wenig.«

»Den Termin können wir jedenfalls nicht garantieren«, sagte ich.

»Das werden wir ihnen mitteilen«, sagte er. »Und wir müssen wissen, was mit der Frau ist. Wenn ihr nichts passieren soll, wird es noch schwieriger.«

»Ihr wird nichts passieren.«

Er legte den Kopf schräg und sah mich an. »Aha«, sagte er nur.

»Hat Alex etwas über den Boten oder über diesen Jochen Berger herausgefunden?«, fragte ich.

»Der Bote fuhr einen Mietwagen. Alex ist dran, das kann aber noch dauern. Über Berger hat er noch nichts.«

Das Video war zu Ende. Ich wählte die Standbilder an und ließ sie durchlaufen. Eines zeigte die geöffnete Garage.

»Vergrößere das bitte mal«, sagte Jacques.

Ich drehte am Zoom. »Schwere Wagen«, sagte ich. »Ein 7er und eine M-Klasse.«

Er schüttelte den Kopf. In einem solchen Wagen war ein wirklich sicherer Treffer nur mit brachialer Sprengkraft zu erreichen. »Da jagen wir das ganze Haus in die Luft.«

»Käme aber garantiert im Fernsehen.«

»Zu gefährlich. Für uns wie für andere.«

Ich wählte ein Foto von der Schule an. »Ich werde mich am nächsten Wochenende mal dort einquartieren.«

Jacques betrachtete das Bild. »Diese Pappeln ... können wir da eine Überwachungskamera installieren?«

»Die stehen auf einem Schulhof.«

Jacques grinste. Einer seiner Lehrsätze besagte, dass kleine Jungs die natürlichen Feinde einer präzisen Planung seien. Wenn ein Plan mit frei laufenden kleinen Kindern kollidierte, änderte er ihn ab. Er traute ihnen alles zu. Darin stimmte ich mit ihm überein.

»Wir nehmen's mal als Option«, sagte er.

»Ich schreib unseren Partnern eine E-Mail. Lass uns erst mal die Antwort abwarten.«

»Gut«, sagte er und griff nach der Weinflasche. »Kommt heute nicht Champions League?«

***

Es war halb vier. Meine Augen brannten vor Müdigkeit, aber ich war wieder aufgestanden. Jacques hatte mir vor dem Zubettgehen noch einen doppelten Cognac aufgenötigt, doch der zeigte keine Wirkung. Ich saß vor dem Laptop und betrachtete das Foto der Frau. Die Spiegelungen der Windschutzscheibe schnitten das untere rechte Drittel ihres Gesichtes ab, doch ihre Augen waren klar zu erkennen. Sie blickte über das Objektiv hinweg, dorthin, wo mein Gesicht war. Für einen einzelnen Schuss aus dem Handgelenk war die Qualität sehr zufriedenstellend.

Ihr Mund war nur teilweise zu erkennen. Die Lippen waren weich geschwungen, aber nicht zu voll, die Nase gerade und nicht zu schmal. Ihre Augen waren dunkel, wie ihre Haare. Locken.

Ich zog die Vergrößerung stufenweise höher und druckte jedes der Bilder aus. Auf dem Regal lag ein kleiner Stapel CDs. Ich wählte eine Aufnahme von Narciso Yepes und schob sie in den Spieler.

Die nächste Vergrößerungsstufe zeigte nur noch ihre Augen. Es war nur eine Ansammlung grauer und weißer Flecken. Ich druckte auch dieses Bild aus. Dann hängte ich die Blätter nebeneinander an die Pinnwand und setzte mich davor. Gedankenverloren pfiff ich leise und schief die getragene Melodie des alten spanischen Volksliedes mit. Auf den Bildern war nicht zu entdecken, wonach ich suchte – etwas, das mir eine Erklärung bieten konnte. Was ich in ihren Augen gesehen hatte, blieb unsichtbar.

Es klopfte.

»Darf ich reinkommen?«, fragte Jacques durch die Tür.

»Bitte«, sagte ich.

Er trug einen Morgenmantel. »Hat der Cognac nicht geholfen?«, fragte er.

»Leider nicht. Wäre auf Dauer sowieso keine Lösung.«
Ich starrte die Bilder an.

»Irgendwas musst du unternehmen. Sonst bist du nicht einsatzfähig.« Er setzte sich hinter mich auf die Werkbank.

»Ich werde morgen mal wieder trainieren. Ich war die ganze Woche noch nicht laufen. Wahrscheinlich fehlt mir das.«

»Nimm den Hund mit. Der wird auch immer fetter.« Er wies auf die Fotos. »Was machst du da? Spielst du Antonioni?«

»Ja, genau. Ich suche was. Aber es ist nicht da.«

Eine Weile sahen wir schweigend auf die Bilder.

»Sie erinnert mich an jemanden«, sagte er plötzlich.

»An wen?« Ich sah ihn an.

Er blickte weiter auf die Fotos. »Ich weiß nicht ... Die Augen. Es sind die Augen.«

Wieder sahen wir schweigend die Reihe der Aufnahmen an.

»Sie ist schön«, sagte ich dann.

»Ja«, sagte er, »sie ist schön.«

ZWEI

Ich hatte die Videokamera auf die Tür und das Garagentor ausgerichtet. Wenn sich dort etwas bewegte, würde ein Alarmton ausgelöst. Ich legte mich auf die Isomatte. Der Scanner war auf den Funk der Polizeiinspektion und auf die Frequenz der Wachfirma eingestellt. Auf beiden Kanälen tat sich nichts Aufregendes. Um vier Uhr morgens war ich durch eine Kellertür in das Verwaltungsgebäude der Schule eingedrungen. Die meisten Räume waren Büros, in einigen lagerten Putzmittel und Möbel. Der Dachspeicher war mit einem billigen Vorhängeschloss gesichert. Wie das Schloss der Kellertür war auch dieses zu knacken, ohne es zu zerstören – ich konnte wiederkommen. Die Dachluke bot einen freien Blick auf die gesamte Einfahrt. Es gab sogar eine Steckdose für die Kamera und den Sender.

Jacques' großer Fiat-Transporter mit der Empfangseinheit stand an der Bonner Landstraße, nahe der Autobahnauffahrt. Die Enduro hatte ich fünfzig Meter weiter auf der anderen Straßenseite abgestellt. Es war nicht zu erkennen, dass die beiden Fahrzeuge zusammengehörten. Ein Problem konnte der Verkehr werden, wenn ich schnell zu dem Motorrad musste. Ich versuchte, mich zu entspannen, mit Schlaf war nicht zu rechnen. Auto nach Auto dröhnte vorbei. Ich döste.

»Auftrag kann baldmöglichst erledigt werden – keine termingarantie – mehr information wäre hilfreich – was ist mit der frau?«Ich hatte noch nachts über Thorsten Cornelius' Handy an die Adresse gemailt, die auf dem Zettel angegeben war. Die Antwort ließ auf sich warten. Gegen Mittag war ich lange mit Pernod gelaufen, obwohl vom Meer her ein ekliger Niesel über den Strand wehte.

Jacques hatte erbost den Kopf geschüttelt, als er mir die Tür öffnete: Er wusste, ich hatte mich übernommen. Erst unter der Dusche merkte ich selbst, wie ausgelaugt ich war. Sogar die alte Narbe an meiner Taille schmerzte wieder.

Als ich in die Küche kam, stellte er ein Glas Tee mit Zitrone vor mich hin.

»Wenn du dir eine Grippe geholt hast, tret ich dir in den Arsch«, sagte er.

»Schon gut. Gibt's eine Antwort?«

Er legte den Ausdruck neben das Teeglas.

»Wir vertrauen darauf, dass Sie Ihr Bestes geben werden. Weitergehende Ihnen dienliche Informationen können wir leider nicht zur Verfügung stellen. Es ist nicht in unserem Interesse, dass bei der Herstellung des Omeletts mehr Eier zerbrochen werden als notwendig. Was notwendig sein wird, unterliegt Ihrer Beurteilung.«

»Eier!« Ich verbrannte mir an dem Tee die Zunge.

Jacques grinste. »*Il faut écraser des œufs pour faire une omelette.* Stammt von Napoleon, glaub ich.«

Ich saugte zischend Luft ein, um meine Zunge zu kühlen.

»Zusage erst nach weiterer Recherche möglich. Die Kosten gehen zu Ihren Lasten. Nächster Kontakt in einer Woche«, sagte ich dann.

Jacques nickte. »Gut. Das mail ich an Herrn Bonaparte.«

»Und schönen Gruß von Wellington.«

Er lachte und ging ins Büro. Als ich den Tee ausgetrunken hatte, kam er mit einem Blatt zurück. »Diesmal ging's fix.« Er legte mir das Blatt auf den Tisch. Die Antwort war kurz: »☺«. »Spinner«, sagte ich.

Um Viertel vor sechs ging der Alarmton los. Ich setzte mich auf und sah zum Monitor. Es war ein Zeitungsbote auf einem Fahrrad. Ein Golden Retriever lief neben ihm her. Die Bewegungsmelder am Haus schalteten die Außenbeleuchtung ein. Ich sah zur Uhr, nach drei Minuten erlosch sie wieder. Um Viertel nach acht piepste der Alarm erneut. Eine ältere Frau erschien und ging zielstrebig quer über die Einfahrt zur Tür. Wahrscheinlich eine Zugehfrau. Sie läutete und wurde eingelassen. Wer ihr die Tür öffnete, war nicht zu sehen. Erst um elf Uhr gab es die nächste Bewegung. Ein Bote mit Prospekten oder Ähnlichem ging quer über die Einfahrt zur Haustür und steckte ein Exemplar in den Briefschlitz. Eine Stunde später kam der Briefträger. Das blieben die einzigen Aktivitäten, die der PC aufzeichnete.

Gegen Mittag kochte ich mir eine Tütensuppe. Der Transporter hatte eine kleine Küche mit Gasherd und Spülbecken. Es gab ein Chemieklo, das wir aber nur in Notfällen benutzten. Die beiden Fenster waren von außen undurchsichtig. Theoretisch konnte man Tage in dem Wagen verbringen, ohne die Tür öffnen zu müssen. Auf weitere Bequemlichkeiten allerdings war zugunsten der technischen Ausstattung verzichtet worden. Verschiedene Funkempfänger und -scanner, vier Monitore, zwei PCs, ein Schrank mit Richtmikrofonen und Fotoausrüstung, einer mit Messgeräten und Elektronikwerkzeug, einer für Waffen, im Moment leer. Vorn im Dach war eine Brennstoffzelle für die Stromversorgung untergebracht. Das alles ließ gerade genug Platz, um die Enduro zu transportieren. Wollte man an den Geräten arbeiten, musste sie ausgeladen werden.

Ich saß mit meinem Becher Suppe vor dem Monitor und starrte auf das Haus. Kurz vor Tagesanbruch war in einer der Kuppeln Licht gewesen, das nach wenigen Minuten wieder erloschen war: Irgendjemand war also da.

Ich wartete. Warten gehörte zum Job, und es war vielleicht der schwierigste Teil: Man konnte es schlecht trainieren und lief immer Gefahr, Konzentration oder Spannkraft zu verlieren und dann im entscheidenden Moment nicht abrufen zu können.

Ich trank die Suppe aus und machte ein paar Sit-ups und Liegestütze, so gut es der beengte Raum zuließ. Dann wühlte ich in meiner Reisetasche nach dem Beethoven-Buch, das ich mir bei Maria ausgeliehen hatte, aber schon bald legte ich es wieder zugeklappt vor mich auf den Tisch und stützte den Kopf in die Hände. Neben dem Monitor steckten die Fotos, die wir mit der ersten Botschaft bekommen hatten, und das Bild der Frau am Steuer ihres Wagens. Ich versuchte, mich auf die Bilder des Mannes zu konzentrieren, aber mein Blick ging immer wieder zu ihren Augen. Sie war schön. Ich nahm das Foto aus der Klemmleiste und steckte es umgedreht wieder hinein. Es ärgerte mich, das Gefühl nicht benennen zu können, das ihr Blick in mir hervorgerufen hatte. Kopfschüttelnd stand ich auf. Am Herd kochte ich mir einen Tee, mehr um mich abzulenken denn aus Durst. Die Anzeige auf dem Monitor zeigte dreizehn Uhr zwanzig.

Warten.

Um fünfzehn Uhr zehn endlich öffnete sich das Garagentor, und der Mercedes kam heraus.

»Na also«, murmelte ich. Ich stand auf und zog mir die

Lederjacke an, ohne den Monitor aus den Augen zu lassen. Der Wagen bog nach rechts ab. Er würde nördlich von mir auf die Landstraße kommen. Ich griff nach dem Helm und sprang aus der Seitentür. Der Verkehr hatte nachgelassen. Ich sprintete über die Straße und startete das Motorrad, dann zog ich den Helm fest und wartete. Sekunden später tauchte der Wagen an der Einmündung auf und bog nach Norden ab. Ich schloss das Visier und gab Gas.

Trotz der Lichtreflexe auf der Windschutzscheibe war ich mir sicher, das Gesicht der Frau auf dem Monitor erkannt zu haben. Ich wollte es erkannt haben. Ich hatte wieder ihren Blick gespürt. Ich suchte ihn.

Der Wagen fuhr in Richtung Rhein. Einmal entwischte er über eine Ampel, aber an der nächsten hatte ich ihn wieder in Sicht. Der Verkehr floss dicht und schnell. Ich wechselte die Spur. Der Mercedes war jetzt hundert Meter vor mir. Auf der Rheinuferstraße schlängelte ich mich zwischen den anderen Autos hindurch auf fünfzig Meter an ihn heran. Er schwamm zügig, aber ohne Hektik mit dem Verkehr. Wir unterquerten die Südbrücke und passierten die alten Lagerhäuser am Südende des Rheinauhafens. Gegenüber der Auffahrt zur Severinsbrücke bog der Wagen rechts in die Einfahrt zum Yachthafen. Ich folgte Sekunden später, aber ich sah nur noch das Heck des Autos um die Ecke eines großen Gebäudes verschwinden, das die kurze Einfahrt nach Süden hin begrenzte.

Ich hielt an der Ecke und sah den hier nur schmalen Fahrweg am Hafenbecken entlang. Der Mercedes parkte etwa fünfzig Meter entfernt.

Die Frau stieg aus. Ich hatte sie für die wenigen Sekunden im Blick, die sie brauchte, um über das Kopfsteinpflaster zu einer Treppe zu gehen, die zu einer großen Motoryacht hinabführte. Nikes; dunkelblaue Jeans, weit umgeschlagen; ein brauner Lederblouson mit pelzbesetztem Kragen, auf den ihre Locken fielen. Sie bemerkte mich nicht. Wieder war da dieses unbenannte Gefühl, stärker jetzt, wo ich sie direkt vor mir sah.

Schnell ging sie die Treppe hinunter, fast lief sie, und verschwand aus meinem Blickfeld. Das Schiff lag außerhalb des gesicherten Yachthafens, direkt an der Kaimauer. Ein erstaunliches Fahrzeug, ein Schnellboot oder etwas Ähnliches, zur Yacht umgebaut, auf jeden Fall ein ehemaliges Kriegsschiff. Für einen kurzen Moment tauchte sie auf dem Deck auf, dann verschwand sie im Niedergang. Ich nahm den Helm ab und holte die Kamera aus dem Transportkoffer. Am Hafenbecken entlangschlendernd, sah ich mir die dort aufgebockten Boote an. Niemand beachtete mich.

Alle Fenster der Kajüte gingen nach vorn, hinter dem Schiff war ich außer Sicht. Ich konnte hier ungesehen bis dicht an die Kaimauer und unbemerkt fotografieren, solange niemand an Deck war.

Das Schiff war schlank gebaut, gut zwanzig Meter lang, offenbar hochseetüchtig. Man sah ihm Kraft und Schnelligkeit an. Ich mochte seine Ausstrahlung – ein Schiff mit einer Aufgabe.

Nachdem ich es fotografiert hatte, ging ich zurück zum Motorrad. Für eine aussagekräftige Aufnahme von der Seite musste ich um das Hafenbecken herum oder auf die Severinsbrücke, später würde dafür Gelegenheit sein. Seitwärts auf der Enduro sitzend beobachtete ich das Schiff. Die Edelstahlabdeckung des Niedergangs stand offen, nichts rührte sich. Am Heck hing, bewegungslos in der Windstille, eine deutsche Landesflagge.

Eines der Handys vibrierte. Ich nahm es aus der Jackentasche, es war das von Timothy Clay. Die angezeigte Nummer kannte ich nicht, ich lehnte das Gespräch ab und steckte das Handy wieder ein. Ein dicklicher Mann, vielleicht siebzig Jahre alt, kam um die Ecke des Lagerhauses. Seine Gesichtsfarbe zeugte von massivem Bluthochdruck. Er trug einen Klappstuhl und einen Leinenbeutel.

»Juten Tach«, sagte er und begann, den Stuhl aufzuklappen. Das dauerte ein Weilchen, dann stellte er ihn fünf Meter von mir entfernt an der Hauswand auf, setzte sich darauf und fischte eine Halbliterdose Kölsch aus dem Beutel.

»Wartense auf jemanden?«

Ich schüttelte den Kopf und setzte den Helm auf.

»Nicht sehr jesprächig, wat?«

Ich startete den Motor. Der Bereich um diese Einfahrt herum war sehr eng und unübersichtlich. Dem Mann war hier nicht auszuweichen. Ich fuhr in den Hafen hinein. Hier war mehr Platz, aber ich war zu weit von dem Schiff entfernt. Als ich mich umdrehte, kam die Frau aus dem Niedergang und lief die Treppe hinauf. Sie stieg in den Wagen, ohne mich zu bemerken, und fuhr rückwärts zur Ausfahrt. Ich sah auf die Uhr: Zwanzig Minuten war sie unter Deck gewesen. Dann musste ich heftig beschleunigen, um dranzubleiben – sie war schon zu weit weg.

Als ich das Schiff passierte, stieg gerade ein Mann aus dem Niedergang. Ich bremste etwas ab, aber mehr als einen grauen dichten Haarschopf konnte ich nicht erkennen. Ich gab wieder Gas. Hinter der Ecke saßen jetzt bereits drei Männer an der Hauswand. Als ich vorbeikam, zeigte der Alte auf mich. Der Mercedes bog rechts ab, er war dreißig Meter vor mir, die Ampel bereits wieder gelb. Wenn ich jetzt bei Rot hinterherfuhr, würde der Mann sich mit Sicherheit an mich erinnern. Ich hielt an der Ampel. Es würde andere Gelegenheiten geben.

Als endlich wieder Grün wurde, bog ich nach links ab. An der nächsten Einfahrt fuhr ich abermals in den Hafen hinein. Auf der anderen Seite des Beckens bockte ich die Enduro auf. Von hier bot sich ein guter Blick auf das Schiff, die Distanz war allerdings recht groß. An Deck war niemand zu sehen, der grauhaarige Mann war verschwunden. Ich nahm Stativ und Kamera aus dem Koffer, schraubte das große Teleobjektiv auf das Gehäuse und machte ein paar Aufnahmen. Plötzlich tauchte der Kopf des Mannes aus der Luke des Maschinenraumes auf. Ich zoomte so nah wie möglich heran und drückte auf den Auslöser. Er kletterte an Deck, sein Gesicht war nicht zu erkennen. Mehrere Minuten lang verharrte er in gebückter Haltung über der runden Öffnung, bis er unvermittelt den Kopf in meine Richtung drehte. Er sah an mir vorbei, doch durch das Tele blickte ich ihm direkt in die Augen.

Er war es nicht. Er konnte es nicht sein. Durfte nicht. Ein harter Klumpen bildete sich in meiner Brust.

»Abbrechen«, sagte ich.

»Ist es so schlimm, mein Kleiner?«

»Vergiss es, Manfred! Er redet nicht. Keinen Ton! Seit Wolfgang tot ist! Als ob das nicht genug für mich wäre! Er bestraft mich! Ausgerechnet mich!«

»Pass mal auf, Karin: Du gehst jetzt ins Wohnzimmer, nimmst dir einen Cognac und setzt dich aufs Sofa. Leg dir 'ne schöne Platte auf. Und ich rede mit dem Jungen.«

»Dieser kleine Bastard!«

Mutter hatte zu weinen begonnen, aber sie war aus dem Zimmer gegangen. Wahrscheinlich war es die Idee mit dem Cognac, die sie überzeugt hatte. Ich saß auf meinem Bett, wie seit drei Tagen. Arme um die Beine, an die Wand gelehnt, die Decke bis an die Augen gezogen. Zweimal am Tag kam Dr. Kerber, untersuchte mich und gab mir eine Spritze. Aber er würde mich nicht zum Reden bringen, das wusste ich.

Bei Onkel Manni war ich mir da nicht so sicher. Seine Gegenwart ängstigte mich. Er kannte mich. Er kannte mich besser als Vater und Mutter. Er war mein Freund. Aber ich durfte nicht reden. Nie mehr.

Er setzte sich ans Fußende. Sein riesiger, schwerer Körper drückte die Matratze nach unten.

»Es tut mir leid, dass ich nicht früher kommen konnte. Aber ich habe schneller keinen Flug bekommen. Paraguay ist weit weg, weißt du.« Er sah mich nicht an. Schweigend saßen wir nebeneinander auf dem Bett.

»War ein toller Mann, dein Vater, hm?«, sagte er dann.

Ich starrte geradeaus an die Wand, auf die Fotos von Niki Laudas Ferrari und Jackie Stewarts Tyrrell, die Autogrammkarte von Wolfgang Overath, ein Geschenk von Onkel Manni. Tränen stiegen in mir auf. Ich schluckte, mein Brustkorb zitterte. Verstohlen sah ich ihn von der Seite an. Er hatte die Augen geschlossen. Leicht schüttelte er den Kopf.

»Sechs Jahre sind kein gutes Alter, um seinen Vater zu verlieren«, sagte er, mehr zu sich als zu mir. Dann sah er mich an. »Es gibt dafür kein gutes Alter.«

Für einen kurzen Moment sah ich ihm in die Augen, aber als ich fühlte, dass ich seinem Blick nicht standhalten würde, zog ich mir die Decke über den Kopf.

»Ich verstehe, dass du … dass du … trauerst. Das musst du auch. Aber ich glaube, es ist nicht gut, mit niemandem zu reden. Das kann dich krank machen. Wirklich krank, meine ich.«

Ich saß in meiner Decke vergraben und fürchtete mich vor seinem Mitleid.

»Du quälst deine Mutter, weißt du das?«

Natürlich wusste ich das.

»Hat sie das verdient?«

Meine Hände zitterten, als ich das Stativ zusammenschob und neben der Kamera im Koffer verstaute. Schwer atmend stand ich vor der Enduro, den Rücken dem Schiff zugewandt. Lange wagte ich nicht, noch einmal hinzusehen. Schließlich gelang es mir, mich zur Ruhe zu zwingen. Ich nahm das Fernglas aus dem Koffer.

»Hat sie das verdient?«

Ja, wäre die Antwort gewesen. Noch eine Sünde, für deren Beichte es kein Ohr gab. Als ich es endlich fertigbrachte, ihm wieder in die Augen zu sehen, hatte er mein Entsetzen gespürt.

Immer, wenn ich daran zurückdachte, meinte ich, dass er etwas anderes hätte sagen müssen – etwas wie: »Sie liebt dich doch.« Oder auch: »Dein Vater hat dich sehr geliebt.«

»War ein toller Mann, dein Vater«, hatte er gesagt, und seine geschlossenen Augen, das leichte Kopfschütteln hatten mir gezeigt, dass er wusste, es war anders, als ich es mir wünschte.

Wünschen half nicht.

Irgendwann, nach ein paar Monaten, hatte er mich in die

Klinik gefahren. Nur er, Mutter nicht. Mutter war krank, hieß es.

»Schaff ihn mir vom Hals, Manfred. Ich kann nicht mehr. Ich kann ihn nicht mehr ertragen.«

Die Türen waren nicht sehr dick in unserem Haus. Ich glaube, sie dachte, wenn ich nicht rede, kann ich auch nicht hören. Es war ein Moment der Hoffnung. Zu Onkel Manni. Mit ihm weg. Paraguay, dort war er oft. Aber wünschen half nicht.

Eine Klinik. In einem Wald. Alt. Es stank. Die Menschen sahen krank aus, selbst die Schwestern. Schwester Inge. Sie gab mir die Spritzen. Es tat weh, viel mehr als bei Dr. Kerber. Sie mochte keine Kinder. Weil sie selbst keine kriegen kann, hatte Axel gesagt und so gelacht, wie er immer lachte. Er war elf, darauf war er stolz. Er lachte die ganze Zeit.

Ich wartete auf Onkel Manni, jeden Tag. Viele Jahre lang. Aber nur Mutter kam, manchmal.

Onkel Manni kam nicht.

Nie mehr.

***

»Minensucher«, sagte Jacques. »Französisch.«

Er sah die Fotos durch. Auf dem Fernseher lief das Video mit den wenigen Bewegungen, die es an dem Haus gegeben hatte.

»Er ist nicht wirklich mein Onkel. Er war ein Freund meiner Eltern. Hat sich ein bisschen um mich gekümmert.«

»Ein schönes Schiff.« Jacques sah mich an. »Was für ein Zufall.«

Ich zuckte die Schultern. »So was kommt vor. In Köln allemal.«

Ich war mir sicher gewesen, dass es Manni war – sofort. Aber ich hatte meinem Gefühl keineswegs getraut, ich durfte es nicht: Ich hatte ihn eine Ewigkeit nicht gesehen. Ich konnte nicht sicher sein. Ohne die Zeit zu fühlen, hatte ich an der Kaimauer gestanden und über das Hafenbecken gestarrt. Ich hatte ihn fotografiert, so genau, wie es irgend ging aus dieser Entfernung. Ich blieb dort stehen und beobachtete ihn mit dem Fernglas, bis ich ihn den Niedergang schließen und die Treppe hochsteigen sah. Er humpelte. Sichtlich mühsam kletterte er in einen Landcruiser. »Alt geworden, Manni«, sagte ich leise.

Aus dem Seitenfenster winkte er den Männern zu, die immer noch auf ihren Klappstühlen an der Einfahrt saßen, dann verschwand der Geländewagen aus meinem Blickfeld. Ich startete das Motorrad und rollte langsam um das Hafenbecken herum. Die Kamera baumelte vor meiner Brust. An dem Schiff hielt ich an, bockte die Maschine auf und fotografierte ganz unverhohlen. Einer der Männer lugte um die Ecke und beobachtete mich. Ich sah ihn offen an und ging auf ihn zu.

»Entschuldigung, wissen Sie, wem dieses Boot gehört?«, fragte ich.

»Wer will das wissen?«, fragte er zurück. Die anderen beiden Männer hatten sich aus ihren Stühlen erhoben und kamen, Bierdosen in der Hand, um die Ecke.

»Wagner ist mein Name, Wüste Film West. Wir suchen ein Boot in dieser Art für eine Filmproduktion. Ist das Ding schnell?«

Sie lachten. »Schnell? Da kannste aber einen drauf lassen, Jung. Der war damit bis Südamerika.«

Die immanente Logik des Satzes war undurchsichtig, aber ich verstand, was er meinte. »Wir würden es gern mieten. Kennen Sie den Besitzer?« »Dat is däm Rossbachs Manni sing Scheff. Dä verchartert dat nit«, sagte einer der anderen. »Ich würde ihn gern selbst fragen. Wie kann ich ihn denn erreichen?« »Wie erreicht man Rossbachs Manni? Du bist auch kein Kölner, was?« Gelächter. »Probier's mal in seinem Laden auf der Friesenstraße. Oder morgen wieder hier. Du hast ihn knapp verpasst.« Ich hatte genickt und mich mit einem Winken verabschiedet.

»Ich will den Job nicht machen, Jacques. Nicht mehr. Das ist einfach zu viel. Erst die Frau und jetzt das.« Jacques kratzte sich an der Nase. Er griff nach der Calvadosflasche und schenkte mir ein. »Was hast du vor? Willst du mich abfüllen?« Es war schon mein dritter, ich begann, die Wirkung zu spüren. Ich kraulte Pernod, der seinen Kopf auf meinen Oberschenkel gelegt hatte. »Du brauchst eine Pause. Sollen wir nicht einfach ein paar Tage segeln gehen?« »Segeln! Bei dem Scheißwetter. Und wer kümmert sich um den Hund?« »Alex, wie immer. Das Wetter wird morgen besser. Außerdem gibt es Ölzeug. Um halb sechs ist Stauwasser. Ich weck dich um vier.« »Um vier! Ich *hasse* Tidengewässer. Zieh gefälligst ans Mittelmeer.« Ich kippte den Calvados auf ex, und er schenkte mir nach.

DREI

Er hatte recht, ich brauchte eine Pause. Der Wind kam leicht, aber stetig aus Nordwest. Wir konnten bequem unseren Kurs anliegen, Westsüdwest, an der Küste entlang. Jacques saß an der Pinne. Das Wetter war besser geworden, wie er es vorausgesagt hatte. Ich lag in meinem Schlafsack auf dem Vordeck. Die kurze Nacht hatte ich in einem unguten Taumel zwischen Dösen, Grübeln und Träumen verbracht. Ich vertrug einfach keinen Schnaps mehr. Das Rauschen der Bugwelle lullte mich ein, es schien reine Musik, und irgendwann schlief ich tatsächlich ein.

»Reise, reise, Smutje – ich hab Hunger!« Jacques' Rufen weckte mich gegen Mittag.

Ich fühlte mich erholt. Die Sonne wurde von einer dünnen Wolkenschicht verdeckt, aber es sah nicht nach Regen aus. Ich räkelte mich ausgiebig, bevor ich mich aus dem Schlafsack pellte.

»Der Wind hält durch. Wir kommen mit dem Schlag bequem hin«, sagte er, als ich unter Deck kletterte. Ich pumpte Druck auf den Spirituskocher und setzte Wasser auf. Die Ruhe tat mir gut. Die Erinnerungen und Traumbilder der Nacht fielen von mir ab. Ich setzte mich an den Tisch und begann, Zwiebeln zu schälen.

»Gute Idee mit dem Segeln!«, rief ich ihm aus der Kajüte zu.

»Ich weiß.« Er grinste, während er sich einen Zigarillo

ansteckte, das Bein über die Pinne gelegt. »Was gibt's zu essen?«

»*Farfalle all'amatriciana.*«

»*Bene.*«

Das Handy von Timothy Clay klingelte. Es lag, zusammen mit den anderen, im Schapp neben dem Funkgerät. Die Nummer war mir unbekannt, es war die gleiche wie gestern. Ich ließ es klingeln, bis die Mailbox ansprang. Kurz darauf wurde eine Nachricht angezeigt. Ich briet Speck und Zwiebeln scharf an und gab dann zwei Dosen Tomaten dazu. Während ich rührte, hörte ich die Mailbox ab.

»Dr. Scheller hier, guten Tag, Herr Clay. Könnten Sie mich bei Gelegenheit unter dieser Nummer zurückrufen? Vielen Dank.«

Mutters neuer Stationsarzt. Misstrauisch starrte ich das Handy an, während ich die Nachricht löschte. Das Wasser kochte, ich gab die Nudeln hinein und sah auf die Uhr. Ich ärgerte mich, dass ich die Nachricht überhaupt abgehört hatte. Der Gedanke an Mutter nagte an der dünnen Schale, die sich gerade erst um meine Nerven gelegt hatte.

»Was trinken wir?«, fragte ich Jacques.

»Schau mal ins vordere Steuerbord-Schapp.«

Ich sah nach und fand eine Kiste 89er Lynch-Bages. »Gibt's was zu feiern?«

»Wir haben Urlaub, mein Freund.«

»Da hast du recht.« Ich begann, den Tisch im Cockpit zu decken.

»War das was Wichtiges eben?«, fragte Jacques von der Pinne her.

»Nein.«

»Deine Mutter?«

»Wir haben Urlaub.«

Er sah mich an und zog an seinem Zigarillo. Dann warf er den Stummel nach Lee über Bord.

Wir aßen schweigend, nur der Wein wurde mit ein paar anerkennenden Grunzern bedacht. Ich räumte den Tisch ab und setzte mich wieder zu ihm. Jacques hielt sein Glas gegen das Licht und nahm dann einen großen Schluck.

»Wie lange kennen wir uns jetzt?«, fragte er.

»Lange.«

Er nickte. »Vielleicht wissen wir doch nicht genug voneinander.«

Ich sagte nichts.

Er zündete sich einen neuen Zigarillo an und sah zum Kompass. »Ich kenne nicht einmal deinen Namen«, sagte er.

»Was soll das?«, fragte ich.

»Ich glaube, wir müssen etwas ändern.«

»Wieso? Es ging doch immer. Wir kennen uns. *Wir* kennen *uns*. Was zählt ein verdammter Name?« Ich fühlte mein Herz im Hals klopfen.

»Wir sind an einem Punkt, an dem es so nicht mehr weitergeht«, sagte er. »Du hast viele Geheimnisse. Ich respektiere das. Ich weiß von deiner Mutter. Dass sie krank ist und so weiter. Dass du sie besuchst. Dir Sorgen machst. Mehr, als du zugibst übrigens. Aber jetzt ... die Frau, dein Onkel ... Köln überhaupt ... auch deine Schlaflosigkeit: Es berührt unsere Arbeit.«

»Was soll das heißen? Willst du nicht mehr mit mir arbeiten? Es ist doch nichts passiert!«

»Noch nicht. Aber es wird etwas passieren, ich fühle es.«

»Was soll denn passieren, zum Teufel? Du stellst unsere ganze Beziehung in Frage, weißt du das?«

Er schüttelte den Kopf und nahm einen tiefen Zug. Der Rauch, den er langsam wieder ausatmete, wurde zu einem

Strich verweht. »Das mit deinem Onkel war kein Zufall. Für sich genommen vielleicht, aber nachdem schon das mit der Frau war ... ›Es wird passieren, so oder so, früher oder später.‹ Das waren *deine* Worte. Und ich hänge mit drin, ob du willst oder nicht. Es ist nicht fair, mich ohne Informationen da reinschlittern zu lassen.«

Er sah mich nicht an, sein Blick lag starr auf dem Kompass. Wir schwiegen lange.

Ich hatte das nicht für möglich gehalten. Unsere Freundschaft basierte auf Vertrauen, Vertrauen in unser Handeln. Vor dieser Freundschaft gab es keine Geschichte. Immer wieder hatte unser Leben in der Hand des anderen gelegen. Diese Freundschaft war der Hafen meiner Seele. Hier war ich sicher vor den Gespenstern. Tom Stricker brauchte sich nicht zu verstecken, er war tot. Niemand fragte hier nach ihm. Ich vertraute Jacques jederzeit mein Leben an. Doch jetzt wollte er mehr.

Er fiel etwas ab, um einer Gefahrentonne auszuweichen. »Fier mal die Vorschot ein bisschen«, sagte er.

Ich wechselte auf die Luvseite und bediente die Schot. Als wir die Tonne passiert hatten, gingen wir wieder höher an den Wind.

»Ich muss nachdenken«, sagte ich.

»Gut«, sagte er.

Lange. Wir kannten uns lange.

Ich hatte in Pierre's Bistro gesessen und in meinen Pernod gestarrt; jeden Tag, wochenlang. Ich trank zu viel damals, viel zu viel. Ich war in Brüssel gestrandet, auf der Suche nach einem neuen Anfang. Tom Stricker war tot.

Die Atmosphäre in dem Bistro faszinierte mich. Ich war es gewohnt, dass man Respekt vor mir hatte, meist sogar

Angst. Manchmal hatten Pete und ich uns einen Spaß daraus gemacht, Rocker oder Zuhälterkneipen aufzumischen – Läden, in denen diese Leute die Könige waren. Aber wenn Pete genug Koks und ich genug Alk drinhatten, waren wir wirklich gefährlich. Kam einer mit dem Schlagring, kam Pete mit dem Messer. Kam einer mit dem Messer, kam ich mit der Wumme.

Einmal haben wir in Hamburg einen Spielclub ausgenommen, in dem einige echt harte Jungs saßen. Einer von denen legte die Rechte auf sein Geld und hielt mit der Linken sein Jackett über dem Schulterhalfter auf.

»Wenn du mein Geld willst, musst du es dir holen«, sagte er zu Pete. Pete schoss ihm einfach in die Brust.

Die Männer in Pierre's Bistro waren anders. Die meisten waren ehemalige Fremdenlegionäre oder Fallschirmjäger, die in den Kolonien gewesen waren. Sie hatten Dinge erlebt, die ich mir nicht vorstellen konnte. Sie redeten nicht darüber, aber man merkte es ihnen an. Diese Männer hatten keine Angst mehr. Sie faszinierten mich, aber sie redeten nicht mit mir.

Die Sache mit Pete war aus dem Ruder gelaufen. Fast ein ganzes Jahr waren wir gemeinsam durch Europa gezogen, und am Ende wurde Pete immer irrer. Dabei passten wir gut zusammen, anfangs. Ich hatte ihn in einem Imbiss in Düsseldorf kennengelernt, als wir zufällig nebeneinander an einem Stehtisch unsere Currywürste aßen.

Er sah zu mir rüber, und die Kälte der Augen über seinem Grinsen beeindruckte mich sofort. Im Heim hatte ich gelernt, vor solchen Augen auf der Hut zu sein. Sein Blick zeigte mir, dass er mit der Welt, durch die wir uns bewegten, genauso wenig zu tun hatte wie ich. Wir gehörten beide nicht dazu, wir kämpften eigene Kriege.

»Bist du von hier?«, fragte er.

»Von irgendwo«, antwortete ich.

Er nickte verstehend. »Ich bin auf dem Weg nach Berlin. Wollt ich mir immer schon mal angucken. Lust, mitzukommen?«

»Warum nicht«, hatte ich nur gesagt.

Zu Beginn war er nach meinem Geschmack gewesen. Seine Witze waren gut, und seine Geschwindigkeit war so hoch wie meine, ich brauchte allerdings kein Koks dafür. Berlin blieb eine Episode, die erste von vielen. Wir lebten von Tag zu Tag und von Kampf zu Kampf. Pete lebte von Line zu Line. Am Ende waren wir ständig auf der Flucht. Vor den Bullen, vor Gangstern, Rockern oder Privatdetektiven. Irgendjemand war immer hinter uns her, und ich begann, es zu hassen, ich wollte es nicht mehr. Seit meiner Kindheit wurde ich gejagt. Vom großen Gespenst. Vor was Pete auf der Flucht war, habe ich nie herausgefunden. Jetzt war er tot.

Und auch Tom Stricker war tot. Ich saß mit einem neuen Namen an einem wackeligen Bistrotisch in Brüssel. Nacht um Nacht wartete ich auf nichts als darauf, betrunken zu werden. Irgendwann kam ein Mann mit einem Wurf Welpen in einer Holzkiste herein. Er versuchte, die Tiere bei den Gästen loszuwerden. Ich saß betrunken an meinem Tisch, und er setzte mir einen Hund einfach vor die Nase.

»Wie heißt der?«, fragte ich.

Er zeigte auf mein Glas. »Pernod.« Ich hielt es dem Hund hin, er schnüffelte daran.

»Wie viel?«, fragte ich.

»Fünfzig.«

Ich fummelte zwanzig Euro aus dem Bündel in meiner

Brusttasche und drückte sie dem Mann in die Hand.»Mehr gibt's nicht.«

Er sah nachsichtig auf mich herab, aber als ich ihm in die Augen sah, zuckte er die Achseln und ging.

Den ganzen Abend saß Pernod vor mir auf dem Tisch. Irgendwann pisste er mir auf den Ärmel.

»Blödes Scheißvieh!«, fluchte ich und schlug ihn mit dem Handrücken. Er jaulte.

Ein Mann kam zu mir an den Tisch, ich schätzte ihn auf Mitte, Ende sechzig, hager. Ich hatte ihn schon oft hier gesehen. Er saß immer an einem bestimmten Tisch in einer der hinteren Ecken, offenbar ein Freund von Pierre. Er setzte sich zu mir.

»Was willst du mit dem Hund?«, fragte er.

»Was geht dich das an?« Ich richtete mich auf meinem Stuhl auf und starrte ihm provozierend in die Augen, aber er lächelte nur, sanft geradezu.

»Du hast doch gar keinen Platz für ihn.«

»Woher willst *du* das denn wissen?« Ich versuchte, drohend zu klingen, aber meine Zunge spielte nicht mehr richtig mit.

Immer noch lächelnd, wiegte der Mann besänftigend den Kopf.»Timothy Clay, Brite, momentane Adresse Pension Jacques Brel, Place des Barricades, Brüssel. Kein fester Wohnsitz. Du hast keinen Platz für den Hund.« Er griff Pernod im Nacken und hob ihn auf seinen Schoß.»Schau dir mal die Pfoten an. Der wird groß.«

»Ist das ein Kompliment, dass ihr euch so für mich interessiert?«, fragte ich.

»Nein. Es ist ein Kompliment, dass du noch hier sitzen darfst.«

»Verstehe. Trinkst du was?«

»Warum nicht?«

Ich winkte Pierre, und er brachte eine neue Flasche Pernod und Wasser.

»Jacques«, sagte der Mann und prostete mir zu.

»Das ist Pernod«, sagte ich und zeigte auf den Hund. »Ich brauch mich ja nicht mehr vorzustellen.«

»Hast du vor, in Brüssel zu bleiben?«

»Keine Ahnung. Ich hab gar nichts vor zurzeit.«

Wir schwiegen eine Weile.

»Hier ist kein schlechter Ort für jemanden wie dich«, sagte er schließlich.

»Jemanden wie mich? Wie bin ich denn?« Ich lachte.

»Die meisten hier laufen vor irgendetwas weg. Wir fragen nicht danach.«

Ich antwortete nicht. Der Hund leckte an Jacques' Fingern.

»Willst du ihn haben?«, fragte ich.

»Ich mach dir einen Vorschlag: Ich habe Platz für euch beide.«

»Uns beide? Einfach so?« Ich zog die Brauen hoch.

Er nickte. »Wenn du willst, kannst du für mich arbeiten.«

Neun Jahre, bald zehn.

Er hatte Wort gehalten: Er hatte nie gefragt.

Es hatte doch zu nieseln begonnen. Ich saß in meinem Ölzeug auf dem Vordeck an den Mast gelehnt und starrte in das graue Nichts über dem dunklen Wasser. Der Regen nässte mein Gesicht.

Er hatte nie gefragt. Bis heute.

Bis heute war es nicht notwendig gewesen. Natürlich hatte er recht: Wenn wir gemeinsam gegen die Gespenster kämpfen mussten, hatte er einen Anspruch darauf, sie zu kennen. Ich hatte viel von ihm gelernt, sehr viel. Aber ich konnte die Grenze nicht einfach aufgeben. Vergangenheit. Zu lange schon war der kleine Junge dahinter verborgen. Er traute sich nicht mehr heraus.

Mit auflaufender Flut erreichten wir den Hafen.

»Gehen wir abendessen? Im Clubhaus gibt es Eins-a-Muscheln!«, sagte Jacques, nachdem wir das Schiff vertäut hatten.

»Gut.« Ich versuchte ein Lächeln, aber es gelang mir nicht. Während des Essens sprach Jacques über Wein und Fußball. Ich sagte wenig. Ich spürte, wie er versuchte, die Spannung abzubauen. Er wusste, wie sehr er mich unter Druck gesetzt hatte. Er ließ mir Zeit.

Nach dem Essen gingen wir wieder an Bord. Es regnete noch immer. Wir setzten uns in die Kajüte. Jacques suchte sich ein Buch aus dem Regal, und ich öffnete eine Flasche Wein.

»Machst du ein bisschen Musik?«, fragte er.

Ich sah den CD-Stapel durch. Er liebte Jazz. Mein Ding war es eigentlich nicht, aber manchmal hörte ich es doch ganz gern. Ich legte »Charlie Parker with Strings« ein.

»Bird«, sagte er nach dem ersten Ton, ohne von seinem Buch aufzublicken. »Hab ich dir eigentlich erzählt, dass ich ihn noch live gesehen habe? In Paris, mit einem Symphonieorchester.«

Ich musste grinsen. »Ja, Jacques. Hast du. Mehrmals.«

»Oh«, sagte er.

Ich schenkte uns Wein ein und setzte mich ihm gegenüber auf die Bank. Wir sprachen nicht. Er war in das Buch versunken und ich in meine Gedanken. Ab und zu schenkte ich uns nach. Als die CD zu Ende war, klappte er das Buch zu. Er lehnte sich zurück und schloss die Augen.

»In der Vergangenheit …«, sagte ich – er rührte sich nicht,

seine Augen blieben geschlossen –, »hast du da einmal etwas getan, und du würdest dein Leben geben, um es ungeschehen zu machen?«

Jetzt öffnete er die Augen, sein Blick hing an der Stelle, wo Decke und Wand der Kajüte ineinander übergingen. Sein Mund wurde zu einem schmalen Strich. Er sah mich für einen Moment an, dann senkte er den Blick.

»Ja«, sagte er.

***

»Indochina, so hieß das damals noch. Wir waren nur noch fünf. Fünf von fünfundzwanzig. Unser Kommandeur war noch dabei. Ein Leutnant. Wir hatten vier Volltreffer in unsere Stellung bekommen. Er hatte einen Splitter im rechten Arm, aber er machte weiter. Ein Held. Ich war neunzehn, Freiwilliger bei den Paras, gerade drei Monate dabei. Hinter uns lief die Evakuierung, aber der Leutnant wollte nicht zurück. Wir hatten kein Funkgerät mehr, wir waren auf uns allein gestellt. Hinten rechnete wohl keiner mehr damit, dass bei uns überhaupt noch jemand am Leben war. Er hatte Fieber, aber er weigerte sich, das Kommando abzugeben. Die Vietminh hatten sich gut auf uns eingeschossen, sie lagen in ihren Stellungen und knallten uns ab wie die Karnickel, sobald wir uns rührten. Nach hinten gab es Deckung. Wir hatten eine gute Chance, wenigstens ein paar von uns nach hinten zu bringen. Aber er wollte nicht. Er wollte nach vorn ... Hol mal Gläser.«

Jacques beugte sich nach unten und wühlte in einem Schapp. Mit einer Flasche Cognac kam er wieder hoch. Ich stellte Gläser hin; er schenkte ein und nahm einen großen Schluck.

»Nach vorn! Wir hatten nicht den Hauch einer Chance.
Es machte einfach keinen Sinn. Einer von uns war Max, ein
alter Hase. Elsässer wie ich. Als der Leutnant den Befehl zum
Angriff gab, sagte er einfach Nein. ›Leck mich am Arsch‹,
sagte er. Auf Deutsch.«
Er schenkte sich nach und trank sofort. Mit geschlossenen
Augen saß er vor mir, bleich.
»Ich habe das noch niemals erzählt. Das sollst du wissen.«
»Ja«, sagte ich.
»Über fünfzig Jahre.«
Ich wartete. Er schwieg.
»Es war irgendwo bei Nam Dinh. Wir lagen am Roten
Fluss. Im Schlamm, im Delta unten. Unsere Schlacht hat sich
keinen Namen verdient. Wir war'n ja nur ein paar Dutzend.
Scharmützel nennt man so was.«
Plötzlich war er sehr konzentriert, entschlossen. Er nahm
die Cognacflasche und steckte den Korken hinein.
»Der Leutnant schrie Max an, so laut er noch konnte. Er
drohte, ihn zu erschießen, wenn er nicht gehorche. Mit links
zerrte er seine Pistole heraus und zielte auf Max. Max kroch
auf ihn zu. Gehen konnten wir nicht, die Deckung war zu
niedrig. Er kroch bis direkt vor ihn hin. Dann drückte er
die Hand mit der Pistole einfach beiseite und schlug ihm
mit Wucht auf den verwundeten Arm. Der Leutnant brach
zusammen. Zack. Wie von der Axt gefällt. Dann sagte Max:
›Schieß doch, du Arsch.‹ Und lachte.«
Jacques saß aufrecht auf der Bank, sein Blick zielte in irgendeine Ferne. Seine Hände drehten unablässig das leere
Glas.
»Er nahm den Karabiner vom Rücken und setzte ihn dem
Leutnant an die Schläfe. Wir andern kauerten einfach da. Wir
waren viel jünger. Hatten keine Erfahrung. Ich habe meine

Pistole gezogen und Max erschossen. Ohne Warnung. Von hinten.«

Er sprach nicht weiter. Sein Schweigen wurde begleitet von den Geräuschen des Hafens. Der Wind hatte aufgefrischt. Überall schlugen Fallen an Masten, Fender quietschten. Ein Diesel tuckerte vorbei.

Ich wartete geduldig. Jacques' Blick hing außerhalb der Zeit. Irgendwann griff ich nach der Cognacflasche. Die Bewegung brachte ihn zurück.

»Gib mir auch noch einen«, sagte er.

Ich schenkte uns ein.

»Ich hatte einen Kameraden erschossen. Der Leutnant lag im Schlamm, mit dem Kopf in einer Pfütze. Ich kroch zu ihm hin und versuchte, ihn aufzurichten. Er rührte sich nicht, aber er atmete noch. Ich saß da, auf dem Boden, und hielt ihn im Arm. Die andern beiden starrten mich nur an. Keine Minute später kam die nächste Granate. Sie waren sofort tot. Alle drei. Ich hatte nur einen Splitter in der Schulter. Der Leutnant hatte mich geschützt, mit seinem Körper. Er hat mir das Leben gerettet. Ich lebe, weil er tot ist.« Er griff nach seinem Glas, aber er trank nicht. Er drehte es nur auf dem Tisch. »Ich saß da und habe geheult. Stundenlang. Dann bin ich zurück, aber hinten waren sie schon vor uns abgehauen.«

Er sah mich an und brachte so was wie ein Lächeln zustande.

»Dschungel ist die größte Scheiße, die der Herrgott jemals erfunden hat. Sieh zu, dass du im Dschungel niemals allein bist. Vor allem, wenn die Bewohner gegen dich sind.«

Er lachte bitter und rieb dabei seine Augen. »Die Bewohner. Sie haben zwei Beine oder zweihundert. Manche haben gar keine. Sie waren *alle* gegen mich, und einige waren verdammt gut bewaffnet. Drei Tage waren es, soweit ich mich erinnere. Dann stolperte ich in eine Kolonne der Legion.

Sie waren auf dem Rückzug. Die hätten mich vor Schreck beinah erschossen, als ich da aus dem Busch getorkelt kam. Zu dem Zeitpunkt wäre es mir auch egal gewesen, wenn mich die Vietminh geschnappt hätten. Ich hatte Fieber. Ich lag im Lazarett und hatte Angst, im Delirium zu erzählen, was ich getan hatte. Ich traute mich nicht zu schlafen.«

»War Max dein Freund?«, fragte ich.

»Max?« Jetzt hob er doch das Glas an die Lippen und kippte den Cognac hinunter.»Max war das größte Schwein, das mir bis heute auf diesem Planeten begegnet ist. Ein echter Sadist. Er liebte es wirklich, andere Menschen zu quälen. Er war sogar für unsere Truppe ein harter Brocken. Es war Krieg. Wir waren keine Waisenknaben, das kannst du mir glauben – aber wir machten das nicht zu unserem Vergnügen. Er schon. Einmal sind wir in ein Dorf rein, alles brannte … Seine Gruppe hat die Frauen und Kinder von den Männern getrennt, und er … ach, was soll's. Ich will das nicht erzählen. Tut auch nichts zur Sache. Sie haben ihn degradiert, danach.«

Wieder fixierte sein Blick einen Punkt außerhalb unseres gemeinsamen Raumes.

»Und der Leutnant war Marias Mann?«, fragte ich.

Sein Blick kehrte zurück. Ein wenig dauerte es, als suche er den Weg. Schließlich sah er mir direkt in die Augen.

»Max war Marias Mann«, sagte er.

**

Ich stand im Cockpit und sah zum Himmel. Der Regen hatte aufgehört, aber der Wind frischte immer mehr auf. Bei manchen Böen zeigte der Windmesser acht Beaufort. Jacques stieg aus der Kajüte.

»Können wir bei dem Wetter zurück, morgen?«, fragte ich.

Er sah auf das Barometer. »Morgen früh hat sich das ausgeblasen. Aber wir werden wohl anständig durchgeschüttelt. Da baut sich eine ordentliche Dünung auf.«

Ich verzog das Gesicht. »Dann also kotzen.«

Er grinste. »Du bestimmt. Hauptsache, er dreht nicht weiter nördlich.«

Trotz des Windes war es nicht kühl. Ich holte ein paar Lappen aus einem der Schapps und wischte die Bänke trocken. Der Mond kam hinter den Wolken hervor. Wir setzten uns.

»Jetzt schulde ich dir wohl was«, sagte ich.

Er zuckte die Schultern. »Wie du meinst.«

»Gib mir noch etwas Zeit.«

Er nickte.

»Darf ich dich noch was fragen?«

»Nur zu.« Er sah mich an.

»Maria hat mir mal erzählt, ihr Mann sei dein Kommandeur gewesen.«

»War er auch. Wie gesagt, sie hatten ihn degradiert. Das haben sie postum wieder rückgängig gemacht. Sie hat nie davon erfahren.«

»Und wie war das mit euch?«

»Sie hat mir geschrieben. Ich war der Letzte, der bei ihrem Mann gewesen war. Sie wollte wissen, wie er gestorben ist ...«

Er sprach leise. Manche Worte wurden vom Wind weggerissen.

»Zuerst wollte ich auch einen Brief schreiben, aber ich konnte das nicht. Ich hatte Alpträume, jede Nacht. Ich habe sie besucht, sobald ich wieder stehen konnte. Ich musste das hinter mich bringen. Sie wohnte damals in Colmar. Als der

Zug in den Bahnhof einfuhr, wusste ich immer noch nicht, was ich ihr erzählen sollte.«

Er versuchte, sich einen Zigarillo anzuzünden, doch der Wind blies das Feuerzeug immer wieder aus. Schließlich stand er auf und beugte sich in die Kajüte hinunter.

»Sie holte mich am Bahnsteig ab«, sagte er, als er wieder auftauchte. »Als ich sie ansah, wusste ich, dass ich ihr niemals die Wahrheit sagen würde. Ich habe ihr ein paar Dutzend Heldengeschichten über Max erzählt … Heute denke ich, sie hat mir nicht eine davon geglaubt. Sie kannte ihn schließlich. Sie hat sie mir nicht geglaubt, aber sie hat mich dafür geliebt. Den Mörder ihres Mannes. Fast zwei Jahre bin ich bei ihr geblieben, dann konnte ich nicht mehr. Sie hat die Lüge gespürt, die ganze Zeit, glaube ich. Aber sie hat mich trotzdem geliebt.«

Er schloss die Augen und rauchte schweigend.

»Und du?«, fragte ich.

»Ich liebe sie heute noch«, sagte er.

Er saß da und rauchte den Zigarillo zu Ende. Den Stummel warf er nach Lee über Bord, dann studierte er die Anzeigen der Wetterstation neben dem Niedergang.

»Das Barometer steigt«, sagte er. »Fünf Uhr wecken, sechs Uhr legen wir ab. Du machst Frühstück. Ich geh schlafen.«

Er hielt mir die Faust hin, und ich drückte meine dagegen.

»Gute Nacht, mein Freund«, sagte ich.

***

Ich saß auf Jacques' Terrasse beim Frühstück. Es war ein schöner Morgen, das Grau der letzten Tage vertrieben von einem frühherbstlichen Gold. Wir waren am Abend zuvor mit der letzten Flut wieder in Zeebrugge angekommen. Der

Wind hatte immer weiter auf Nord, am Nachmittag sogar etwas östlich gedreht, sodass wir zu einem weiten Schlag auf See hinaus gezwungen waren. Es wehte kräftig, und die Bedienung des Schiffes nahm mich so in Beschlag, dass meine Seekrankheit sich in Grenzen hielt. Es war ein anstrengender Törn gewesen. Wir hatten nur noch eine Tiefkühl-Lasagne in die Mikrowelle geschoben und waren nach dem Essen zu Bett gegangen. Ich hatte fest geschlafen.

Jacques war lange vor mir auf, früh wie immer. Nun war er unterwegs zu Alex, den Hund abholen. Als ich mir die letzte Tasse Tee aus der Kanne eingoss, kam sein Wagen den Weg hoch. Er stieg aus und öffnete die Heckklappe. Pernod sprang heraus und kam durch den Garten auf mich zugaloppiert. Jacques fluchte hinter ihm her, weil er durch das Gemüsebeet lief. Er folgte ihm auf die Terrasse und zog ihm die Leine über. Der Hund war nicht beeindruckt.

Jacques warf mir einen dünnen Umschlag auf den Tisch.

»Alex war fleißig«, sagte er.

»Der Mietwagen?«

»Genau. Mit seinen Computern allein hat er es nicht geschafft. Da hat er sich an eine Tippse aus dem Autoverleih rangemacht. Die Hotelrechnung hat er vom Spesenkonto bezahlt. Nicht zu glauben. So was nennt sich Hacker.«

Ich öffnete den Umschlag. Er enthielt nur ein Blatt. Oben standen eine Kreditkartennummer, die allgemeinen Daten, dann die Bankverbindung.

Unten standen der Name und die Stadt. Lange starrte ich darauf. Schließlich faltete ich das Blatt sorgfältig wieder zusammen und steckte es zurück in den Umschlag.

»Was ist los?«, fragte Jacques.

Der Umschlag lag vor mir auf dem Tisch. Ich konnte meinen Blick nicht davon wenden.

»Wir haben ein Problem«, sagte ich.

Auf Jacques' Stirn erschien eine steile Falte. »Kennst du den Mann?«

Ich nickte langsam. »Besser, als mir lieb ist.«

»Und worin besteht das Problem?«

»Er ist tot«, sagte ich.

***

Pete und ich hatten eine Bank überfallen, in einer Kleinstadt in Schleswig-Holstein, ich erinnere mich nicht mehr an den Namen. Ein kleines Ding, ohne Planung – rein, ein bisschen mit den Waffen fuchteln, fünf- oder sechstausend abziehen und weg. Es war einfach, davon lebten wir. Doch dieses Mal war die Polizei in der Nähe. Pete fuhr. Er war völlig stoned und lachte die ganze Zeit, während wir mit hundert durch die Ortschaften knallten, die Bullen hinter uns.

Ich war nervös. Pete brachte uns zunehmend in Schwierigkeiten mit seiner Unberechenbarkeit. Vor allem, wenn er Speedballs drinhatte, wusste ich nie, was er tun würde. Ich versuchte vergeblich, den Sicherheitsgurt anzulegen, er hakte. Ich biss die Zähne zusammen und klammerte mich irgendwie am Sitz fest.

Pete hörte nicht auf zu lachen. Ich hasste es. Ich hasste ihn. Er überholte einen Müllwagen und scherte nur Zentimeter vor einem entgegenkommenden Laster wieder ein. Resigniert schloss ich die Augen, und sofort überfielen mich Bilder der Erinnerung. Auch die hasste ich.

Wir hatten an einer Nachttanke gestanden, wir wollten nur tanken, nichts weiter. Ich war aufs Klo gegangen. Als ich wieder rauskam, lag Pete im Kassenraum auf der Kassiererin, das Messer an ihrer Kehle. Er fummelte an seiner Hose herum, aber mit einer Hand bekam er sie nicht richtig auf. Die Frau weinte. Er bemerkte mich gar nicht, als ich den Raum betrat. Ich ging zu ihm hin und drückte ihm den Revolver an den Kopf. »Lass sie los.«

»Spinnst du? Nimm das Ding weg!«

»Runter von ihr.« Er sah auf das Messer, dann auf die Frau, dann auf mich. »Denk nicht mal dran.« Ich sprach ruhig, er kannte mich gut genug, um zu wissen, wie ernst ich es meinte. Schließlich klappte er das Messer zu und steckte es ein. »Da verpasst du aber was!« Sein Blick auf die am Boden zusammengekrümmte Frau war höhnisch. Er lachte. Als wir wieder im Wagen saßen, nahm er als Erstes den Plastikbeutel mit seinen Pillen aus dem Handschuhfach und fischte einige weiße heraus.

»Das nächste Mal leg ich dich um«, sagte ich.

Grinsend steckte er sich die Pillen in den Mund. »Sei aber schnell genug«, sagte er dann.

Das war vor einer Woche gewesen, höchstens.

Aus einer Seitenstraße kam noch ein Polizeiwagen. Es war schon der dritte. Er versuchte, vor uns zu bleiben, aber Pete überholte ihn rechts. Die Wagen touchierten, doch wir kamen vorbei. Das Polizeiauto geriet ins Schleudern. Der nächste Streifenwagen kam noch vorbei, dann stand das Auto quer auf der Fahrbahn und blockierte die Straße für den folgenden. Pete lachte immer noch.

Plötzlich war da die Frau mit dem Kinderwagen auf dem Zebrastreifen. Sie sah uns und hielt an, sie stand ganz am Rand, da war Platz genug, doch Pete hielt voll auf sie zu. Der Kinderwagen flog durch die Luft. Ich drehte mich um und sah, wie er immer weiter flog. Das Kind wurde herausgeschleudert. Die Mutter brach am Straßenrand zusammen.

Das Bullenauto kam schleudernd vor dem Wrack des Kinderwagens zum Stehen.

Im nächsten Ort fuhren wir auf den Parkplatz eines großen Einkaufszentrums. Wir machten das immer so, um den Wagen zu tauschen. Pete fuhr in eine Parklücke, stellte den Motor ab und grinste mich an. Er hielt mir die flache Hand hin.

»Cool, Mann! Gib mir fünf!«

»Das Kind ist tot«, sagte ich.

»Was willst du? Die Bullen sind weg, oder?«

»Du hast das mit Absicht gemacht.«

»Ja klar, Mann. Die hätten uns gekriegt. Wir waren doch schon am Arsch, ey!«

Ich starrte ihn an. »So geht das nicht.«

»Doch, Mann! So geht das. Was ist los mit dir?«

Sein Grinsen wich, als er meinen Blick sah. Langsam hob er die Hände. »Ganz cool, Mann. Mach keinen Scheiß. Wir hätten's nicht geschafft, glaub mir. Ich hatte keine Wahl.«

Ich zog den Revolver. Er war der zweite Mensch, den ich tötete.

***

»Streng genommen ist er nur verschollen«, sagte ich zu Jacques.

»Verschollen?« Er griff nach dem Umschlag und nahm das Blatt wieder heraus. »Tom Stricker aus Köln«, las er. »Und wer ist der Mann?«

»Tom Stricker ist tot.« Die Worte kamen ohne Betonung einfach so aus meinem Mund. Mir schien, als spräche ich gar nicht. »Er heißt jetzt Timothy Clay.«

Jacques pfiff leise.

»Jetzt kennst du meinen Namen«, sagte ich.

»Ja, aber die Umstände sind … bedauerlich.« Er holte tief Luft. »Du hast recht, wir haben ein Problem.«

Er setzte sich mir gegenüber. Die Sonne blendete mich, ich konnte sein Gesicht nicht erkennen. Er schwieg lange. Der helle Vormittag wirkte absurd auf mich. »Es ist zwölf Jahre her. Ich habe den Namen nie wieder benutzt.«

»Wer weiß davon?«

»Der Mann, der mir den Pass besorgt hat, sonst niemand.«

»Was ist mit ihm?«

Ich dachte nach. »Ich glaube nicht, dass er dahintersteckt«, sagte ich schließlich. »Ich habe ihm damals detailliert erklärt, dass ich nie wieder etwas von ihm hören wolle. Als ich damit fertig war, hat er geheult vor Angst. Er war ein erbärmlicher Feigling. Ich trau ihm das nicht zu. Falls er überhaupt noch lebt.«

»Wir werden das überprüfen.« Er stand auf. »Komm mit.«

»Was hast du vor?«, fragte ich.

»Nachdenken«, sagte er.

Nach Petes Tod waren die Bullen ernsthaft hinter mir her. Tom Stricker, Mörder, Kindermörder, Bankräuber. Bewaffnet und gefährlich.

Eine Zeit lang blieb ich in Deutschland untergetaucht. Jeder Hilfspolizist machte mich nervös. Ich musste etwas ändern.

Der Entschluss, Tom Stricker sterben zu lassen, fiel mir leicht. Ich hasste ihn, seit seiner Kindheit.

In der britischen Botschaft in Bonn saß ein Mann, der sich für die Versorgung mit einem bestimmten weißen Pulver sehr dankbar zeigte. Es gelang ihm, Tom Stricker auf die

Passagierliste einer in Südamerika verschollenen Cessna zu setzen und die deutschen Behörden darüber zu informieren. Die Fahndung nach ihm wurde eingestellt.

Mein Mann war zudem in Besitz einer ganzen Reihe echter britischer Geburtsurkunden von Kindern, die kurz nach der Geburt gestorben waren. Ich wurde Timothy Clay aus Cushendall, Nordirland, mit einem echten britischen Pass.

Ich konnte ein neues Leben beginnen. Ich fand es in Pierre's Bistro.

Neun Jahre, bald zehn. Jetzt war es vorbei.

VIER

Ich kämpfte mich durch die steilen Äste der Pappel, nach jeder Bewegung innehaltend und lauschend. Es war drei Uhr vierzig, die stillste Zeit der Nacht. Das Rascheln des Baumes klang unwirklich laut. Ich trug schwarze Kleidung und eine Sturmmaske, in meinem Schulterhalfter steckte eine Glock-Luger. Mit dem Scanner hörte ich den Funk der Wachfirma ab, ein Seil und Werkzeug hingen an meinem Gürtel.

Ein Wagen der Wachfirma bog in die Straße ein. In fast fünf Metern Höhe, bewegungslos an den Stamm gepresst, wartete ich, bis das Auto vorbeigerollt war. Der Funk blieb stumm. Ich kletterte weiter. In etwa sieben Metern Höhe fand ich eine geeignete Stelle im Geäst und sicherte mich mit dem Seil. Ich schraubte die Befestigung für die Batterien an den Stamm. Etwas darüber brachte ich den verstellbaren Halter für die Kamera an. Sie hatte einen integrierten Sender und war relativ klein, aber die Batterien sollten möglichst lange durchhalten und brauchten Platz. Nachdem ich alles installiert und verkabelt hatte, schnitt ich einige Zweige ab, die vor dem Objektiv hingen, und schaltete die Kamera ein.

»Test«, sagte ich in mein Kehlkopfmikro.

»Empfang okay«, hörte ich Jacques im Kopfhörer. »Tiefer und rechts.«

Ich drehte die Kamera.

»Stopp«, sagte Jacques. »Ich teste den Zoom.«

Der Elektromotor summte kaum hörbar.

»Alles klar«, sagte Jacques.

Ich zog die Feststellschrauben an, nahm die grüne Regenplane aus meinem Rucksack und befestigte sie am Stamm, darüber das Tarnnetz. Dann schnitt ich noch mehr Zweige und Blätter ab und steckte sie hinein.

»Abschlusstest«, sagte ich.

»Alles klar«, sagte Jacques wieder.

Ich machte mich an den Abstieg. Von unten versuchte ich, die Kamera zu entdecken. In der Dunkelheit war es unmöglich, ich musste hoffen, dass es bei Tageslicht genauso war.

Jacques saß mit gerunzelter Stirn vor dem Monitor, als ich den Transporter durch die Seitentür betrat. Das Bild zeigte die schwach beleuchtete Einfahrt des Hauses. Garagentor und Haustür waren nur schemenhaft zu erkennen. »Vielleicht hätten wir doch die Solarzellen nehmen sollen. Wenn's regnet, hält die Batterie keine zwei Tage.«

Ich sagte nichts dazu. Diese Diskussion hatten wir längst geführt und Solarzellen als zu schlecht zu tarnen verworfen. Er war nervöser, als ich ihn kannte.

Ich boxte ihn leicht auf den Oberarm. »Die nächsten Stunden passiert hier nichts. Fahr zu Maria.«

Er nickte und stand auf.

»Pass auf dich auf«, sagte er noch, bevor er die Tür hinter sich schloss. Durch das Seitenfenster sah ich ihn zu seinem Wagen gehen. Er ging langsam, leicht gebeugt, wie unter einer Last.

Ich legte mich auf die Isomatte und versuchte zu schlafen.

»Wir müssen in die Offensive«, hatte Jacques gesagt. Wir waren am Strand. Pernod sprang im Wasser herum. Immer noch kam mir der hellgoldene Sonnenschein wie Hohn vor. Die Situation war monströs. Tom Stricker war hinter mir her.

»Wir wissen nichts. Nicht, wer sie sind, und nicht, was sie wollen«, fuhr Jacques fort. »Nur, dass es mit dir mindestens so viel zu tun hat wie mit dem Mann in Köln. Den Auftrag müssen wir vergessen. Ab jetzt ist nur noch wichtig, dass du in Gefahr bist. Wahrscheinlich wollen sie zwei Fliegen mit einer Klappe schlagen. Du erledigst den Mann, und sie erledigen dich.«

»Aber diesen Namen zu benutzen – das ist doch wie eine Warnung. Warum tun sie das?«

»Keine Ahnung.« Jacques bückte sich nach einem kleinen, auffällig schwarzen Stein. »Wie dem auch sei: Jetzt wie das Kaninchen auf die Schlange zu starren wäre grundverkehrt. Wir müssen in Bewegung bleiben, mehr Informationen beschaffen. Viel mehr. Über den Mann, die Frau – auch über deinen Onkel. Das ist kein Zufall, dass er da mit drinhängt – die Frage ist nur, ob er es weiß.« Er untersuchte den Stein, es war ein versteinerter Haifischzahn. »Wir brauchen alles an Material, was wir kriegen können.«

»Und wo nehmen wir das her?«, fragte ich.

»Solange der Mann sich nicht aus seinem Haus rührt, haben wir nur die Frau.«

»Sie wird kaum mit uns zusammenarbeiten wollen.«

»Dann werden wir ihr kaum eine Wahl lassen können.«

»Ja«, sagte ich. »Wir sollten uns beeilen.«

Er warf den Zahn wieder in den Sand. »Den nächsten Kontakt haben wir ihnen für Donnerstag avisiert. Das sind noch zwei Tage. Wir fahren heute noch nach Köln.«

»Du kommst mit?«

»Ja.« Er pfiff den Hund herbei. »Ich bringe Pernod wieder zu Alex. Du kannst schon mal den Transporter klarmachen. Lad alles an Technik ein, was wir haben. Und Waffen. Ich rede mit Alex. Er muss weiterrecherchieren. Über deinen Mann

von der Botschaft. Über die Kreditkarte. Und über die Zielperson, diesen Jochen Berger. Wir müssen die Verbindung
zwischen dir und dem Mann klären.«

Weit nach Einbruch der Dunkelheit waren wir losgefahren.
Jacques mit dem Audi, ich mit dem Ducato. Gegen ein Uhr
hielten wir an der Bonner Landstraße. Jacques stieg zu mir
in den Transporter.

»Sitzen wir hier nicht auf dem Präsentierteller?«, fragte er.

»Halb so wild. Hier ist der optimale Platz. Alle Alternativen sind schlechter.«

Er hatte den Stadtplan genommen und darauf gestarrt.
Schließlich hatte er genickt.

Ich lag hellwach auf meiner Isomatte. Tom Stricker war hinter
mir her.

Immer wieder dachte ich die Liste der Leute durch, denen
Tom Stricker etwas schuldete. Es waren viele. In der Zeit mit
Pete hatte ich mir eine Menge Feinde gemacht. Doch wer
würde nach so langer Zeit auf solche Art versuchen, an mich
heranzukommen? Warum benutzte er diesen Namen? Ich
fand den Schlüssel nicht. Es musste Verbindungen geben: ein
Dreieck zwischen unserer Zielperson, dem Auftraggeber und
mir.

Ich stand von der Matte auf und setzte mich in den Dreh-
stuhl. Die Fotos von Berger hingen immer noch neben dem
Monitor. Das der Frau auch, aber umgedreht. Ich nahm die
Bilder des Mannes aus der Klemmleiste und legte sie vor
mich auf den Tisch. Nach wie vor kam mir nichts an ihm
bekannt vor. Ich zögerte, aber dann legte ich das Foto der
Frau daneben. Sofort wurde mein Blick von ihren dunklen
Augen gefangen.

»Du bist schön«, sagte ich.

Auf dem Monitor erschien ein blasser Leuchtfleck. Es war eine der Kuppeln auf dem Dach des Hauses. Die Uhr zeigte zwanzig nach fünf. Nach knapp neunzig Sekunden erlosch das Licht wieder. Ich stand auf und kochte mir einen Tee. Um Viertel vor sechs kam der Zeitungsbote mit seinem Hund. Gegen sieben wurde es hell. Kurz darauf erschien Jacques auf dem Monitor. Gemächlich, auf einen Stockschirm gestützt, eine Einkaufstasche in der Hand – ein älterer Herr auf seinem Morgenspaziergang. Beiläufig musterte er die Pappeln auf dem Schulhof, dann lächelte er der Kamera zu und ging unverändert gelassen weiter. Zehn Minuten später klopfte er an die Schiebetür. Ich ließ ihn herein.

»Die Tarnung ist gut«, sagte er.

»Freut mich.«

»Ist jemand drin?«, fragte er.

»Ja. Es war Licht.«

»Gut.« Er stellte die Tasche auf den Tisch. »Frühstück«, sagte er.

»Wie geht's Maria?«, fragte ich.

»Ich soll dir Grüße ausrichten. Sie freut sich, dass wir in ihrer Nähe sind.« Seine Stimme wurde ein wenig leiser. »Es ist immer schön, sie zu sehen.« Für einen Augenblick starrte er abwesend in die Einkaufstasche. »Käse oder Wurst?«, fragte er dann und nahm zwei belegte Brötchen aus der Tasche.

»Käse.«

Eine Weile aßen wir schweigend.

»Ich würde mir gern das Schiff deines Onkels ansehen. Und seine Kneipe. Weißt du, wo die ist?«

»Friesenstraße, gegenüber vom Sartory. Da war sie jedenfalls früher. Die macht erst abends um zehn auf, wenn ich mich recht erinnere.«

»Wann warst du denn das letzte Mal da?«

»Das muss über zwanzig Jahre her sein. Mit ein paar Kumpels. Wir hatten keine Ahnung damals. Die Jungs haben tatsächlich angefangen, Randale zu machen. In Manni Rossbachs Kneipe! Einer von uns – ich weiß nicht mal mehr seinen Namen ... Wolli, glaub ich ... ist ja auch egal, jedenfalls ist er der Kellnerin an die Wäsche. Ich mein, wir waren sechzehn oder so. Hatten drei Bier auf und waren die Helden.«

Die Erinnerung brachte mich zum Lachen.

»Das war das einzige Mal, dass ich gesehen habe, wie jemand aus einer Kneipe geflogen ist. Ich meine: Er ist *geflogen*.«

Mein Lachen verging wieder.

Der eine war geflogen, die anderen waren gerannt. Nur ich war wie angewurzelt auf meinem Stuhl sitzen geblieben. Ich hatte nicht gewusst, dass es Onkel Mannis Kneipe war. Ich hatte ihn auch vorher gar nicht gesehen, er musste irgendwo weiter hinten gesessen haben. Als die Kellnerin anfing, uns anzubrüllen, stand er auf einmal da.

Onkel Manni.

Seit er mich in die Klinik gebracht hatte, war er aus meinem Leben verschwunden. Mutter redete nicht über ihn, niemals. Es war, als hätte er nie existiert. »Manni? Kenn ich nicht«, sagte sie, als ich noch nach ihm fragte, anfangs. Mir waren nur meine Kindererinnerungen an ihn geblieben. Jetzt stand er da, und ich hatte Angst. Er kam auf mich zu und griff nach mir. Ich sah, wie er mit der Rechten ausholte.

»Onkel Manni«, flüsterte ich, und er hielt inne.

»Tom«, sagte er, und ich nickte. Sein Blick war unsagbar traurig geworden. Er stand vor mir und starrte auf mich herab, lange.

»Geh«, sagte er schließlich, »und komm nicht wieder.«

Meine Beine hatten gezittert, als ich die Kneipe verließ. Aber ich habe nicht geweint.

»Erzähl mir von deinem Onkel«, sagte Jacques.

»Ein harter Bursche, jedenfalls für Kölner Verhältnisse. Halbweltlegende, früher waren die Gangster ja noch nett. Was die Leute so erzählen.« Ich machte eine wegwerfende Bewegung. »Ich habe das erst viel später herausgefunden. Für mich war er immer nur Onkel Manni. Dass er ein Gangster war, konnte ich mir gar nicht vorstellen. Und dass meine Eltern mit so einem befreundet waren, auch nicht. Ich dachte damals noch, meine Eltern wären mehr so ... Boheme nennt man das wohl.«

»Waren sie das nicht?«

»Nicht ganz. Mein Onkel und mein Vater waren Partner.«

»Dein Vater war ein Gangster?«

»Na ja, Gangster ... wohl eher das, was sich der Kölner unter Gangster vorstellt. Alte Schule, würde ich sagen. Er ist schon lange tot.«

»Ist dein Onkel noch im Geschäft?«

»Manni? Keine Ahnung. Seit damals habe ich ihn nicht gesehen. Ich bin auch bald darauf aus Köln weg.«

»Ach?« Jacques lächelte verhalten.

»Natürlich, das kannst du nicht wissen.«

»Nein. Kann ich nicht. Erzähl mir von dir. Wir haben ja gerade ein bisschen Zeit.«

Ich biss in mein Brötchen und kaute sorgfältig, bis ich merkte, dass ich damit nur Zeit schinden wollte.

»Na gut«, sagte ich. »Ich war nicht oft in Köln, damals. Die meiste Zeit war ich in irgendwelchen Heimen oder Internaten. Oder in Kliniken. Mit sechs kam ich zum ersten Mal in eine Klinik. Bis ich zehn war. Dann ein paar Monate

Köln, dann ein Internat. Als ich da abgehauen bin: wieder in die Klinik. Dann wieder Köln. Dann kam meine Mutter in eine Klinik und ich in ein Heim. Und so weiter. Mein Vater war tot, Mutter Alkoholikerin. Und ich war gestört.«

Ich goss mir einen Tee ein. Jacques schwieg.

»Ich habe vier Jahre lang nicht gesprochen.«

Jacques sagte immer noch nichts. Er wartete, dass ich fortführe, lange, bis er schließlich fragte:»Warum?«

Der Alarm der Videoaufzeichnung begann zu piepsen. Das Garagentor fuhr auf.

»Sie kommt«, sagte ich und griff nach meinem Helm. Ich war schon aus der Tür, als ich Jacques lachen hörte.

»Vergiss es!«, rief er mir nach.

»Was ist los?« Ich kletterte wieder in den Transporter und ging zum Monitor.

Jacques grinste.

»Das darf ja wohl nicht wahr sein«, sagte ich.

Wir hatten eine Hightech-Überwachungsanlage, unser schnellstes Auto und ein Motorrad, aber darauf waren wir nicht vorbereitet. Die Frau schob ein Rennrad aus der Garage und fuhr davon.

»Wir brauchen ein Rad«, sagte ich.

»Wie wär's noch mit Inlineskates? Und einem Kickboard!« Jacques amüsierte sich sichtlich.

»Lach du nur«, sagte ich.

»Sie hatte einen Tennisschläger im Rucksack. Ich glaube nicht, dass wir was Aufregendes verpassen.«

Das Garagentor blieb offen.

»Sieh mal da«, sagte ich. Weit hinten, im Halbdunkel der Garage, bewegte sich etwas zwischen den Autos. Jacques zoomte heran, aber es blieb undeutlich. Nach einem Moment fuhr das Tor wieder zu.

Ich vergrößerte den Ausschnitt, verstärkte Kontrast und Helligkeit und ließ die Szene noch einmal in Zeitlupe ablaufen.

»Ein Rollstuhl«, sagte Jacques. »Er sitzt im Rollstuhl.«

»Wenn er es ist«, sagte ich.

Jacques nahm die Fotos des Mannes aus der Klemmleiste. Wir ließen das Video noch einige Male ablaufen, aber es gab nichts weiter her.

»Hier ist er noch fit.« Jacques legte die Bilder auf die Tischplatte. Auf dem Schnappschuss ging Jochen Berger ohne sichtbare Behinderung über einen Parkplatz. Gemeinsam starrten wir auf das Foto. Ich kaute auf einem Bleistift.

»Dieses Gesicht kann man sich nicht merken«, sagte Jacques.

»Stimmt… Schau mal.« Mit dem Stift tippte ich auf einen Audi, an dem der Mann gerade vorbeiging. »Das Modell gibt's noch nicht länger als ein Jahr. Älter kann das Bild nicht sein.«

Jacques nickte. »Wieso sitzt er jetzt im Rollstuhl? Haben sie es schon mal probiert und ihn nicht richtig erwischt?«

»Möglich … Oder was anderes: Schlaganfall … Skifahren …«

»Auf jeden Fall ist es ein typisches Überwachungsfoto. So was macht man nicht zufällig.«

Der Alarm begann wieder zu piepsen. Die Zugehfrau erschien und ging zielstrebig quer über die Einfahrt zur Tür. Sie läutete und wurde eingelassen. Wer ihr die Tür öffnete, war wieder nicht zu erkennen.

Kurze Zeit später fuhr das Garagentor auf, und die Frau rollte eine große Mülltonne zur Straße. Ich notierte die Uhrzeit.

»Die Tonne müssen sie auch wieder reinholen«, sagte ich.

»Jetzt komm nicht auf dumme Gedanken.« Jacques runzelte die Stirn.

»Wir haben nicht beliebig viel Zeit«, sagte ich.

»Bevor wir da einfach so reingehen, muss noch eine Menge passieren. Wir wissen noch nicht mal, wer alles drin ist.«

»Ich meine nur, dass sie mit dem Tor nachlässig umgehen.« Ich starrte auf den Monitor, nichts rührte sich. »Wenn wir wenigstens einen Grundriss hätten.«

»Ich kann ja Alex mal drauf ansetzen, aber das wird eine Weile dauern. Der arbeitet schon rund um die Uhr.« Er setzte sich an den PC, schloss sein Handy daran an und tippte die Mail ein. »Ich fürchte, wir müssen unsere Rechercheabteilung vergrößern.«

»Das ist deine Abteilung«, sagte ich. »Eigentlich hast du hier gar nichts verloren, du gehörst an deinen Schreibtisch.«

»Was wir vorhaben, ist eine Nummer zu groß für einen allein«, antwortete er.

»Du hast ja recht.« Ich versuchte, meine aufkommende Ungeduld zu unterdrücken. Das unbewegte Bild auf dem Monitor strapazierte meine Nerven. »Ich wünschte, der Mann würde mal rauskommen. Damit man ihn wenigstens mal ansehen könnte.«

»Wünschen hilft nicht«, sagte Jacques.

***

Um sieben Minuten nach neun kam sie zurück. Sie trug eine Radlerhose und ein eng anliegendes Sporthemd. Haare und Gesicht wirkten verschwitzt. In der Einfahrt stieg sie ab und suchte in ihrem Rucksack nach der Fernbedienung. Das Tor fuhr auf, und sie schob das Rad in die Garage. Das Tor schloss sich wieder.

Sechs Minuten später kam die Müllabfuhr. Um neun Uhr zwanzig fuhr das Garagentor wieder hoch, die Zugehfrau holte die Tonne rein, das Tor ließ sie offen. Als sie wieder erschien, trug sie einen Besen und begann, die Einfahrt zu kehren. Sie war noch damit beschäftigt, als die junge Frau in die Garage kam und in den Mercedes stieg.

»Los«, sagte Jacques.

Während ich aus dem Transporter stieg, steckte ich das Headset in mein Ohr und setzte den Helm auf. Jacques stellte die Verbindung her. Ich hörte seine Stimme im Kopfhörer, während ich am Straßenrand auf eine Lücke im Verkehr wartete:»Sie ist rechts abgebogen, sie wird im Norden rauskommen.«

»Verstanden.« Ich spurtete zwischen zwei Lkw über die Straße und startete das Motorrad. Als sie an der Einmündung auftauchte, fädelte ich mich in den Verkehr ein. Sie fuhr nach Rodenkirchen. Es gelang mir, hinter ihr zu bleiben, bis sie auf den Maternusplatz einbog und dort parkte. Sie überquerte die Straße und betrat den Gemüseladen.

Ich nahm den Peilsender aus dem Transportkoffer und ging die Reihe der geparkten Autos entlang. Niemand beachtete mich. Neben dem Wagen ging ich in die Hocke und tastete den Unterboden nach einer geeigneten Stelle ab. Der Magnet haftete mit einem satten Klacken. Ich sah mich um. In der Parklücke gegenüber öffnete sich eine Wagentür, und ein Mann stieg aus. Ich nestelte an meinen Schuhen, bevor ich aufstand und zum Motorrad zurückging.

»Der Sender ist am Auto«, sagte ich.

»Gut«, antwortete Jacques.»Ich hab ihn auf dem Display. Bleibst du dran?«

»Ja. Komm auch her, vielleicht ergibt sich was.«

»Okay«, sagte er nur.

Mit zwei Papiertüten im Arm kam sie aus dem Geschäft und überquerte die Straße. Sie deponierte die Tüten im Kofferraum und ging dann zielstrebig auf eine Parfümerie zu.

»Lass dir Zeit«, sagte ich.

Ich lehnte an der Enduro und beobachtete den Eingang der Parfümerie im Rückspiegel. Die Zeit dehnte sich.

»Wo steckst du?«, fragte ich.

»Ich steh hier an einer Schranke, es geht nicht weiter«, antwortete Jacques.

Die Tür des Ladens öffnete sich, und sie kam heraus. Ich zog den zweiten Sender aus der Tasche und schaltete ihn ein.

»Sie kommt. Hast du uns beide auf dem Display?«, fragte ich.

»Noch nicht«, antwortete er.

Sie ging zum Wagen und stieg ein. Ich startete den Motor und schob die Maschine von ihrem Ständer.

»Jetzt hab ich dich auch«, sagte Jacques. »Mein Gott, was ist das nur für eine Schranke? Na endlich.«

Sie fuhr in Richtung Hauptstraße und ordnete sich links ein.

»Sie fährt nach Norden«, sagte ich. Ich ließ zwei Wagen vor und folgte ihr bis zur Ampel. »Wo steckst du?«, fragte ich, nachdem die Ampel grün geworden war.

»Ich komme gleich von links«, antwortete er.

An der Einmündung sah ich ihn, er blieb drei Wagen hinter mir. Am Militärring schafften wir die Ampel nicht, ich verlor sie aus den Augen.

»Wie geht's weiter?«, fragte ich.

»Sie hält. Ich vermute, sie wird links abbiegen … ja, sie biegt ab, schräg links … und wieder links. Sie ist jetzt auf, äh …«

»Dem Gürtel«, sagte ich.

»Bayenthalgürtel, genau.«

Die Ampel wurde grün. Ich beeilte mich, um aufzuholen, aber sie blieb immer eine Ampelphase vor mir. Erst in Zollstock war ich wieder hinter ihr. Sie fuhr weiter den Gürtel entlang. Hinter der Aachener Straße wurde sie langsamer, als suche sie einen Parkplatz.

Nicht zum Friedhof, dachte ich, bitte nicht zum Friedhof, aber sie hielt auf dem Parkstreifen an der Mauer.

Ich fuhr die Maschine um die Ecke und stieg ab. Der Audi stand gegenüber an der Ampel. Jacques nickte mir zu.

»Sie parkt da vorn«, sagte ich ins Mikro.

»Ich seh es«, antwortete er.

Sie war ausgestiegen und kam auf mich zu, in der Hand einen Eimer. Ich trat hinter die Ecke zurück, nahm den Helm ab und befestigte ihn am Motorrad. Jacques stand noch immer an der Ampel.

»Was macht sie?«, fragte ich.

»Sie geht in das Tor.«

Ich sagte nichts. Ich musste ihr folgen. Ich hatte Angst.

»Ist das ein Friedhof?«, fragte Jacques.

»Ja«, antwortete ich nur.

»Ich parke und komme hinterher«, sagte er.

Ich war oft hier gewesen. Die Stimmung hier war eigen, und sie empfing mich wie einen alten Bekannten. Die unheimliche Reihe verwitterter Grabsteine gleich am Eingang. Wie aus einem alten Gruselfilm, Roger Corman oder so. Sie hatten mir Angst gemacht, früher. Vergessene Tote, die nicht vergessen sein wollen. Die mächtigen, alten Gräber mit ihren Statuen. Stein und Bronze. Der große Engel, grün von Patina. Ich kannte sie alle.

Sie folgte ein Stück dem Hauptweg, dann bog sie rechts ab. Auch hier waren noch große Gräber, aber die Spuren des Verfalls wurden deutlicher. Das Herbstlaub bedeckte eingebrochene Steinplatten und von Efeu zugewucherte Grabstellen. Ein Grabstein, verblichen, stand auf einer Rasenfläche. Jemand hatte ihm eine Markierung aufgesprüht, ein rosa Kreuz. Seine Zeit war um.

»Ich bin am Eingang, wo steckst du?«, fragte Jacques.

»Knapp hundert Meter geradeaus, dann nach Süden«, antwortete ich.

Sie bog wieder rechts ab, auf eine Rasenfläche mit Urnengräbern. Viele waren mit kleinen Holzkreuzen markiert, andere mit flachen, meist quadratischen Steinen. Die Sonne kam hervor und ließ das Gras leuchten. Ich sah einen Schmetterling auf einem hohen weißen Grabstein, der mit ausgebreiteten Flügeln die letzte Wärme des Jahres auffing.

»Ich sehe euch beide. Ich bleibe hier stehen«, sagte Jacques.

Ich drehte mich zu ihm um. Er stand auf einem Nebenweg vor einem Grab.

Die Frau ging an einem der Steine in die Hocke und begann, um ihn herum Unkraut zu zupfen. Sie nahm eine Bürste aus dem Eimer und reinigte den Stein, dann richtete sie sich wieder auf und blieb einige Augenblicke davor stehen. Schließlich nahm sie den Eimer auf und ging in Richtung des Weges.

»Folge ihr. Ich seh mir mal den Stein an«, sagte ich.

Auf dem Weg ging sie weiter in Richtung Osten, also noch nicht zurück zum Wagen. Ich wartete, bis sie außer Sicht war. Die Grabplatte war einfach gehalten, aber aus einem schönen und sicher teuren Marmor, die Schrift stilvoll und schnörkellos: »Margit Berger, geb. Nesselrod, geliebte Gattin und Mutter«.

Ich trat auf den Weg und sah die Frau in etwa hundert Metern Entfernung rechts abbiegen. Jacques war nicht weit hinter ihr.

»Ich sehe euch«, sagte ich.

»Okay«, antwortete er. Vor mir überquerte ein Eichhörnchen den Weg und lief dann eine Kastanie hinauf. Mit den Zähnen trug es eine Nuss. Ich beeilte mich bis zu dem Abzweig, dort wartete ich wieder. Sie ging vor uns die Ahornallee entlang, dann bog sie links ab. Die beiden verschwanden aus meinem Blickfeld.

»Sie biegt wieder rechts ab«, sagte Jacques. »Sie geht an einer alten Mauer entlang. Ich bleibe auf dem Weg.« Die alte Mauer neben der Kirche. Die seltsamen Gräber dort. Uralte. Ganz neue. Ein rundes, bunt geschmückt. Zerbrochene alte Grabsteine, zu einem Sitz aufgeschichtet. Jacques saß auf einer Bank, etwas abseits des Weges. Er wies in ihre Richtung, ich nickte und setzte mich neben ihn.

»Ein wirklich schöner Friedhof. Bemerkenswert.«

»Ja«, sagte ich.

»Wessen Grab war das?«

»Das von Bergers Frau, denke ich. Ihre Mutter vielleicht.« Sie hockte vor einem Grab und klaubte braunes Laub herunter.

»Und dort«, sagte ich, »liegt mein Vater.«

***

Ich war aufgestanden und hatte mich mit dem Rücken zu ihr vor Jacques gestellt, als sie zum Weg zurückkam.

»Sie ist weg«, sagte Jacques nach einigen Augenblicken.

»Lass uns dranbleiben«, sagte ich.

Er schüttelte den Kopf. »Setz dich.« Er nahm den Knopf seines Headsets aus dem Ohr und schaltete sein Handy aus.

»Ich will deine Geschichte hören. Jetzt.«

Ich setzte mich wieder, vorgebeugt und auf den äußersten

Rand der Bank. Jacques lehnte neben mir, entspannt, mit übereinandergeschlagenen Beinen.
»Warum hast du vier Jahre nicht geredet?«, fragte er.
Ich blickte auf das Laub und das moosige Grün zu meinen Füßen.
»Ich habe mit sechs Jahren meinen Vater erschossen«, sagte ich.
Ich merkte, dass er mich anschaute, aber ich blickte weiter zu Boden. Schweigend sah er mir zu, wie ich mit dem Fuß Laub zusammenscharrte.
»Es war ein Unfall, natürlich. Ich hatte mit einer Waffe gespielt, im Garten. Vater sammelte Waffen. Er hatte einen original Colt-Peacemaker. Den hab ich ihm aus der Vitrine geklaut. Ich habe auf eine Elster geschossen. Und dann ... dann lag er tot hinter einem Busch.«
Meine eigene Stimme kam mir fremd vor, ungewohnt. Sie klang seltsam klirrend in meinen Ohren. Ich atmete tief und drehte mich zu ihm. Die graublauen Augen in seinem hageren Gesicht blickten forschend. Er wartete geduldig, dass ich fortfuhr.
»Sie haben es nie herausgefunden. Und ich dachte, wenn ich nichts sage, kann ich mich nicht verraten. Was man so denkt, mit sechs, wenn man seinen Vater erschossen hat. Also habe ich einfach nicht mehr geredet.« Wieder unterbrach ich mich, er sah mich weiter von der Seite an, unbewegt wartend.
»Nach einer Weile war es gar nicht mehr schwer. Anfangs versuchten sie alle möglichen Tricks: Polizei, Ärzte, Psychologen, alle, wie sie da waren ... Aber ich war auf der Hut. Irgendwann gaben sie es auf.«
Er runzelte die Stirn. »Niemand ist dahintergekommen?«
Ich rieb mit beiden Händen meine Augen. Sie brannten.
»Du wirst lachen«, sagte ich.

»Wenn's einen Grund gibt«, antwortete er.

»Wart's ab«, sagte ich. »Ich war ein cleverer kleiner Terrorist. Ich lernte wie ein Besessener. Lesen, schreiben, rechnen. Aber ich sprach kein Wort. Die anderen Jungs hatten Angst vor mir. Die meisten dort hatten eine echte Macke. Ich glaubte ja, ich hätte keine. Ich war ihnen jedenfalls über. Manche von den Großen versuchten es mit Gewalt, aber sie kamen mir nicht bei. Ich war schneller und gemeiner. Ich war ein böser Junge, das stand für mich fest. Ich würde es immer bleiben. Also wollte ich wenigstens *richtig* böse sein. Und das gelang mir auch.« Ich saß immer noch auf dem vordersten Rand der Bank, die Arme um den Leib geschlungen. Ein kurzes Lachen stieß aus mir hervor. »Oh ja, es ist mir gelungen.«

Ich hob meinen Blick in die herbstlichen Baumkronen des Friedhofes. Das Rauschen der Aachener Straße drang nicht zu mir durch, mir schien es totenstill um mich herum.

»Ich habe das noch nie erzählt«, sagte ich.

Im Augenwinkel sah ich sein Nicken.

»Als ich neun war, kam ich zu einem neuen Lehrer. Herrn Wollny. Er mochte mich. Oder er fand meinen Fall interessant, keine Ahnung. Er kümmerte sich um mich, brachte mir Boxen bei, Judo. Und er merkte, dass ich mich für Waffen interessierte. Er fing an, mir Zeitschriften und Kataloge mitzubringen. Irgendwie hat er gespürt, wo mein Problem steckte. Auch wenn er es nie wirklich verstanden hat – die Richtung stimmte jedenfalls. Einmal saßen wir zusammen und sahen uns einen Sammlerkatalog an. Da zeigte er plötzlich auf eine Beretta Bobcat und sagte: ›Mit so einer hat sich dein Vater erschossen.‹«

Ich zog die Nase hoch. »*Das* gibt es zu lachen«, sagte ich.

Jacques runzelte die Stirn. »Ich weiß nicht, ob ich das verstanden habe«, sagte er.

Ich schrie jetzt fast, die Worte fühlten sich heiß an.»Ich hatte es ja nicht *gesehen*! Ich habe auf die verdammte Elster geschossen und bin weggerannt. Später hat Mutter ihn gefunden. Ich habe geglaubt, *ich* hätte es getan! Dabei war er es *selbst*! *Er* hat sich erschossen. Mir einer popligen .22er Bobcat, genau wie Herr Wollny es gesagt hat.«

Jacques sagte nichts. Nach einer Weile spürte ich seine Hand auf der Schulter. Ich atmete tief den Duft des Grüns ein. Plötzlich war es ganz einfach. Überrascht sah ich meinem Freund in die Augen. Ich musste nur den Mund öffnen. Nur den Mund öffnen und den Worten Lauf lassen.

»Ich habe es nicht gewusst. Es hat mir einfach niemand erzählt. Niemand hat mit mir darüber gesprochen. Vater war tot, das musste für mich reichen. Sie ahnten ja nichts! Und außerdem redete man über so was nicht – schon gar nicht mit einem kleinen, gestörten Jungen. Aber Herr Wollny tat es. Er war ein echter Motherfucker. Meine Sturheit hatte seinen Ehrgeiz angestachelt. Er hatte sich genau informiert, war bei der Polizei gewesen und so weiter. Und dann hat er mich damit geschockt. Er wollte meine ›Verdrängung durchbrechen‹, hat er mir später mal erklärt, indem er mich mit Details konfrontierte. Was wirklich mein Problem war, hat er nie herausgefunden, aber seine Methode hat funktioniert. ›Das stimmt nicht‹, habe ich gesagt. Meine ersten Worte. Nach vier Jahren.«

Ganz einfach, dachte ich, seltsam. Immer noch sah ich Jacques an. Sein Gesicht war unbewegt; so, wie ich es kannte, wenn er konzentriert war.

»Du hast es nicht geglaubt«, sagte er.

»Nein«, antwortete ich.

»Und eigentlich glaubst du es immer noch nicht.«

»Nein«, sagte ich wieder.

Ich sah zu Vaters Grab hinüber. »Später ist Herr Wollny mit mir zur Staatsanwaltschaft gegangen. Ich durfte die Akte anschauen. Die Beretta hatte neben ihm im Gras gelegen. Schmauchspuren an seiner Hand. Fremdverschulden ausgeschlossen. Ich habe den Staatsanwalt nur angestarrt, ich habe ihm kein Wort geglaubt. Ich war mir sicher, er lügt. Ich wollte, dass er lügt.« Wieder spürte ich Jacques' Hand auf meiner Schulter. »Lass uns ein Stück gehen«, sagte er und stand auf. Ich folgte ihm schwerfällig. »Willst du zu seinem Grab?« Ich schüttelte den Kopf. »Ein andermal.« Wir gingen langsam den Weg entlang. Eine Gruppe Gärtner kam uns entgegen, jeder schob einen Rasenmäher. Jacques blieb stehen und sah sich die Grabstelle vor uns an. Eine Jesusstatue in einem schmalen, aber fast drei Meter hohen Marmortempel. Der Figur fehlten beide Hände.

»Warst du oft hier?«, fragte er.

»Früher ja. Öfter als in der Stadt.« Wir gingen auf die südliche Mauer zu. »Manchmal bin ich hierhergefahren, auf dem Weg zu meiner Mutter. Aber ich habe es mir abgewöhnt. Ich will die Geschichte loswerden. Sie ist Vergangenheit.«

»Nicht mehr, mein Freund«, sagte Jacques.

»Nein, du hast recht. Nicht mehr.«

Wir kamen zu einer gewaltigen Säule, rund und schmucklos. Die eingeritzte Inschrift war kaum noch zu entziffern. Es war das Grabmal eines preußischen Offiziers, gefallen im Deutsch-Französischen Krieg, 1870/71. Oben auf dem Koloss lagen die großen steinernen Nachbildungen eines Schwertes und eines antiken Helmes, beide neu vergoldet – in geschmacklosem Gegensatz zu der bemoosten Stele. Das Ganze war von der Wurzel einer großen Platane in einen

lächerlichen Schiefstand gebracht worden, fast fürchtete man,
die Säule könne umstürzen.

»Sic transit gloria mundi«, sagte Jacques. »Ein würdiges
Grab für einen Krieger.« Er sah sich um und nickte. »Hier
könnt ihr mich auch beerdigen.«

***

»Tom, so eine Überraschung! Wie schön! Komm rein.« Er
hatte mich sofort erkannt nach der langen Zeit. Ich lächelte
unsicher: Herr Wollny freute sich tatsächlich, mich wieder-
zusehen, doch hinter seiner Freundlichkeit bemerkte ich eine
neugierige Vorsicht.

Ich war fast siebzehn und gerade mal wieder aus dem
Heim abgehauen. Zweimal schon war ich an seinem Haus
gewesen und beide Male unverrichteter Dinge wieder abge-
zogen. Erst beim dritten Mal hatte ich mich getraut, auf die
Klingel zu drücken. Er stellte mich seiner Frau vor und bat
sie, Kaffee zu kochen. Er war grau geworden in den Jahren.
Und fett.

»Wie geht's dir, Tom? Was treibst du?« Wir saßen in seinem
Arbeitszimmer, zwischen Ikea-Regalen voller verstaubter
Fachbücher. Es gelang mir, seine Fragen zu überspielen. Ich
rechtfertigte mich schon lange nicht mehr, vor wem auch
immer, aber ihn wollte ich nicht enttäuschen – als Einzigen
vielleicht. Er zeigte mir seine Videokamera, die er für die
Arbeit angeschafft hatte; er war sehr stolz darauf.

»Ich hab noch eine Frage, Herr Wollny.« Meine Stimme
war belegt.

»Nur zu, Tom.« Er lächelte mich erwartungsvoll und er-
mutigend an. Früher hatte ich diesen Gesichtsausdruck an
ihm gemocht: Ich war der kleine Junge und er der gütige Leh-

rer. Jetzt, wo ich ihm fast von gleich zu gleich gegenübersaß, kam mir seine Art plötzlich unangenehm vor, schmierig fast.

»Diese Akten damals, die ich mir bei den Bullen – 'tschuldigung, bei der Polizei – angucken durfte ... die waren nicht vollständig, nicht?«

»Das war nicht die Polizei, es war die Staatsanwaltschaft, Tom.« Er sprach freundlich, aber sein Blick wurde vorsichtig.

»Aber sie waren nicht vollständig?«

»Doch, Tom, diese Akte war vollständig. Es waren alle Unterlagen über den Tod deines Vaters.«

»Dann ... dann gab es noch andere?«

Sein Blick hing jetzt auf seiner unaufgeräumten Schreibtischplatte fest. »Keine, die ich eingesehen hätte«, sagte er.

»Aber Sie wissen doch mehr darüber, oder? Können Sie mir nicht noch etwas über meinen Vater erzählen? Mutter erzählt immer nur dieselben Geschichten, über sein Pferd und so. Sie wissen doch noch was!«

Er schüttelte den Kopf. »Du bringst mich in Verlegenheit«, sagte er. »Ich darf dir das nicht sagen.«

»Sie sind doch nicht mehr mein Lehrer, Herr Wollny. Bitte, ich erzähl's auch nicht weiter.«

Seine Frau brachte den Kaffee und Kekse, er nutzte die Gelegenheit, um abzulenken, aber ich ließ nicht von meiner Frage.

»Was willst du denn wissen?«, fragte er schließlich.

»Warum? Warum hat er sich erschossen?«

»Tom, du *bist* nicht für seinen Tod verantwortlich, glaub mir das doch bitte!«

»Dann können Sie mir doch sagen, warum.«

Er zündete sich eine Zigarette an und sah aus dem Fenster.

»Nein, Tomas, das kann ich nicht. Du musst mir einfach glauben. Mit dir hatte es nichts zu tun. Überhaupt nichts.«

Ich verstand. Er war feige.

»Vielen Dank für den Kaffee«, sagte ich.

Ich habe ihn nie wiedergesehen.

***

Maria stand am Herd, als wir die Küche betraten. Sie begrüßte uns lächelnd.

»Grüner Bohneneintopf«, sagte sie.

Ihr Blick streifte Jacques. Man konnte das Band zwischen den beiden spüren. Ich verabschiedete mich unter die Dusche.

Wir waren dem Signal des Peilsenders kreuz und quer durch Köln gefolgt. In der Innenstadt hatten wir es verloren, wahrscheinlich war die Frau in eine Tiefgarage gefahren. Wir fuhren zum Transporter zurück. Die Videoüberwachung hatte außer der Zugehfrau keine Bewegung aufgezeichnet. Nach einer guten halben Stunde tauchte der blinkende Punkt auf dem Display wieder auf und bewegte sich Richtung Süden. Er erreichte Hahnwald, und kurz darauf sahen wir den Wagen auf dem Monitor. Sekunden später war er in der Garage verschwunden. »Mittagessen«, hatte Jacques gesagt, nachdem das Tor heruntergefahren war.

Als ich wieder aus der Dusche kam, saß er vor seinem Laptop.

»Nachricht von Alex«, sagte er. »Dein Konsularbeamter hat vor sechs Jahren in Birmingham unter Drogeneinfluss einen Verkehrsunfall verursacht und ist dabei ums Leben gekommen.«

»Wie sicher ist das?«, fragte ich.

Er zuckte die Schultern. »Stand in der Zeitung. Mehr haben wir im Moment nicht. Dein Onkel scheint sich aus dem

Milieu zurückgezogen zu haben. Seit acht Jahren unauffällig. Wohnt in Köln in der Fürst-Pückler-Straße. Kennst du die?«
»Nein«, sagte ich.
»Wohlhabend durch Grundstücksgeschäfte. Betreibt nur noch nebenbei seine Kneipe ›Mannis Eck‹. Kontakte zum Milieu nicht mehr nachweisbar, was immer das heißt.«
»Wo haben wir das her?«
»LKA«, sagte er. »Und über Jochen Berger: nichts – nirgendwo. Alex sucht weiter.«
Ich nickte.
»Kommt ihr essen?«, rief Maria aus der Küche.
Jacques schaltete den Laptop aus und stand auf. Er lächelte.
»Grüner Bohneneintopf«, sagte er.

FÜNF

Es war dunkel. Das fahle Mondlicht wurde von der schwarzen Asche des Parkplatzes nahezu verschluckt. Wir saßen in unserem Wagen gleich neben der Einfahrt, im Schatten eines Baucontainers, der uns den Blicken von der Straße entzog. Der Mercedes der jungen Frau parkte an der Wand des alten Lagerhauses, etwa fünfzehn Meter von der Tür entfernt. Über dem Eingang leuchtete ein blauer Schriftzug: »Cool Moon Jazzclub«. Jacques ließ sein Fenster herunter. Aus dem Gebäude drang gedämpft Musik, es klang nach einer Big Band.

»Das hört sich nicht schlecht an«, sagte Jacques.

Ich grinste. »Ich nehme an, du möchtest nachsehen, was sie da drinnen treibt?«

»Gute Idee.« Er öffnete die Tür und stieg aus. »Bis gleich«, sagte er.

Im CD-Spieler lag eine Bartók-Aufnahme von Boulez. Ich drückte die Play-Taste und suchte nach einer bequemen Sitzposition, als ein Landcruiser an mir vorbei auf den Parkplatz fuhr. Er parkte nahe dem Eingang. Manni Rossbach stieg aus und humpelte auf die Tür zu. Ich nahm das Handy aus der Tasche.

»Mein Onkel kommt«, sagte ich, als Jacques sich meldete.

»Aha«, sagte er nur. Ich unterbrach die Verbindung. Nach vierzig Minuten kam Jacques wieder heraus.

»Ist ein schöner Laden«, sagte er, als er wieder auf dem

Beifahrersitz saß,»aber der Wirt scheint ein ziemlicher Idiot zu sein. Österreicher.«

»Was tun sie?«

»Sie sitzen an einem Tisch und reden mit einem anderen Mann. Dessen Frau ist dabei, betrunken, und eine Art Bodyguard. Als dein Onkel reinkam, wurden die beiden an einem anderen Tisch platziert. Verstehen konnte ich nichts.«

»Haben sie dich bemerkt?«

»Nein.« Er zeigte zur Tür. Zwei Männer und eine Frau kamen aus dem Club und gingen auf eine Mercedes-Limousine zu.»Das ist der Mann. Der etwas kleinere. Der größere ist sein Schläger.«

Der größere Mann stützte die Frau, sie ging unsicher. Als sie den Wagen erreicht hatten, kam Manni Rossbach aus dem Club und folgte ihnen. An der Beifahrertür der S-Klasse stehend, redete er mit dem Mann, während der Schläger der Frau in den Fond half. Der Mann machte eine wegwerfende Bewegung. Manni hob in einer hilflosen Geste die Arme, dann klopfte er dem Mann auf die Schulter und ging zu seinem Landcruiser. Jacques notierte das Kennzeichen des Mercedes, als die beiden Wagen an uns vorbei zur Straße rollten.

»Gut«, sagte ich.

Die Tür unter der Leuchtreklame ging auf, und eine Gruppe von vier jungen Männern kam heraus, Sekunden später folgte die Frau.

»Schlecht«, sagte Jacques.

»Halte sie auf.«

Sofort stieg er aus.

»*Excusez-moi, madame!*«, hörte ich ihn rufen, während er auf sie zuging.

Sie stand an ihrem Wagen. Die jungen Männer stiegen in einen verfallenen Opel Astra. Jacques redete auf Französisch auf die Frau ein. Ich nahm die Sturmmaske aus dem Handschuhfach und zog sie über. Das Licht der Scheinwerfer streifte die Frau, als der Astra losfuhr, ich konnte ihren misstrauischen Gesichtsausdruck erkennen. Als der Opel auf die Straße bog, sprang ich aus dem Auto. In dem blauen Licht des Türschildes sah ich die beiden auf mich zukommen. Sie ging aufrecht und steif vor Jacques her. Ich öffnete den Kofferraum. Jacques schob sie zwischen den Audi und den Baucontainer. Er blieb dicht hinter ihr und presste seine Beretta in ihre Seite.

»Geben Sie ihm bitte Ihre Handtasche«, sagte Jacques.

Sie trug ein kurzes Kleid, im Dunkeln schien es schwarz, darüber einen Trenchcoat. Sie starrte mich an, während sie langsam den Riemen der Tasche von der Schulter nahm.

»Ist Ihr Autoschlüssel da drin?«, fragte Jacques.

Sie nickte. Die Tasche stellte ich auf das Autodach, dann nahm ich das Klebeband und die Kapuze aus dem Kofferraum.

»Verzeihen Sie die Unannehmlichkeiten. Je weniger Sie sich wehren, umso einfacher wird es.«

Ich fesselte ihr die Hände auf dem Rücken. Sie sagte nichts. Kein Weinen, kein »Was wollen Sie?«, kein »Tun Sie mir nichts« – sie stand da und starrte geradeaus. Ich drehte sie herum.

»Hinsetzen.«

Langsam sank sie auf den Rand des Kofferraumes. Ich ging in die Hocke und fesselte ihre Füße. Dann klebte ich ihr den Mund zu.

»Sie müssen jetzt leider da einsteigen«, sagte ich.

Jacques steckte die Beretta ein und zog ihr die Kapuze über, dann hoben wir sie hinein. Als sie drinlag, verband ich die Fuß- und die Handfesseln, dann zog ich meine Sturmmaske ab.

»Kriegen Sie genug Luft?«

Sie nickte.

»Machen Sie bitte keinen unnötigen Lärm«, sagte ich und klappte den Kofferraumdeckel zu. Jacques suchte den Schlüssel aus der Handtasche. Ich stieg in den Audi. Der Warnblinker des Mercedes leuchtete auf, als Jacques ihn mit der Fernbedienung entriegelte. Als die Scheinwerfer des Wagens angingen, fuhr ich los. Jacques folgte mir, während ich im Zickzack durch Nippes kurvte.

Ich steckte den Knopf des Headsets ins Ohr und wählte Marias Nummer an. Sie meldete sich sofort.

»Wir kommen in etwa fünfzehn Minuten und bringen Besuch mit. Machst du uns die Garage auf?«

»Natürlich. Bis gleich, mein Junge.«

Ich trennte die Verbindung und rief Jacques' Handy an.

»Ich fahr noch mal im Kreis, wir wollen's ihr nicht zu leicht machen«, sagte ich.

»Sollte mich wundern, wenn sie noch wüsste, wo sie ist. Ich weiß es jedenfalls nicht«, antwortete er.

Wir fuhren durch Riehl, dann nach Norden zu den Parkplätzen der Ford-Werke. Jacques stellte den Mercedes ab. Er kniete sich neben das Hinterrad und tastete nach dem Peilsender. Als er ihn abgenommen hatte, stieg er zu mir in den Wagen.

»Ein schönes Auto«, sagte er.

Maria hatte das Garagentor aufgemacht. Ich rangierte rückwärts hinein, Jacques schloss das Tor von innen. Ich zog die Sturmmaske wieder über und öffnete den Kofferraum.

»Alles klar?«, fragte ich.

Sie machte eine unwillige Bewegung. Ich löste das Band an ihren Füßen.

»Wir helfen Ihnen jetzt beim Aussteigen.«
Vorsichtig hoben wir sie heraus.
»Geht's?«, fragte ich, als sie vor mir stand.
Sie atmete schnaufend unter der Kapuze.
»Wir nehmen Ihnen das gleich ab.« Ich schob sie vor mir her. Jacques ging voraus in den Garten. Er trug ihre Handtasche. Nachdem er sich umgesehen hatte, winkte er mich heraus. Es waren fünf Meter bis zur Treppe.
»Vorsicht, Stufen«, sagte ich. »Elf Stück, abwärts.«
Als sie die Treppe betrat, dröhnte vom Rhein her das Horn eines Frachters. Sie hob den Kopf. Ich drängte sie die Treppe hinunter. Maria wartete an der Tür. Sie ging vor uns her zum ehemaligen Kohlenkeller. Ich schob die Frau hinein.
Es war für alles gesorgt: zwei Stühle, ein Tisch, ein Feldbett, ein Chemieklo, eine altmodische Waschschüssel. Ich zog der Frau die Kapuze vom Kopf.
»Das könnte jetzt wehtun.« Mit einem schnellen Ruck riss ich ihr das Klebeband vom Mund. Sofort begann sie, heftig nach Luft zu schnappen. Dabei sah sie sich mit wachen Augen um. Immer noch sagte sie kein Wort.
»Ich werde Ihnen jetzt die Handfesseln abnehmen. Wenn Sie keinen Ärger machen, kann das so bleiben – wenn doch, wird es sich sehr schnell wieder ändern.«
Sie nickte, und ich löste das Band an ihren Händen.
»Machen Sie es sich bequem«, sagte ich und klopfte an die Tür. Sie wurde aufgeschlossen, und ich ging hinaus. Maria und Jacques warteten draußen. Maria verschloss die Tür wieder. Ich zog die Maske ab und zeigte mit dem Daumen zur Treppe. Wir gingen hinauf und setzten uns in die Küche.
»Möchtet ihr was trinken?«, fragte Maria.
»Gern, ein Glas Wein wäre schön.« Jacques lächelte sie an.

»Mir auch eins«, sagte ich. Sie hatte ein Tablett mit Gläsern und einer Flasche bereitstehen, das sie zum Tisch brachte. »Lief alles nach Plan?«, fragte sie, während sie einschenkte.

»Im Großen und Ganzen schon«, sagte Jacques.

»Dass sie dein Gesicht gesehen hat, war nicht gut«, sagte ich. »Auf eine bessere Gelegenheit als auf dem Parkplatz konnten wir nicht hoffen. Es war dunkel, sie hat mich nicht genau erkennen können. Das mit der Schiffssirene war Pech.«

»Der Rhein ist lang.« Ich nahm mein Glas und roch daran, bevor ich trank.

»Sie hat verdammt gute Nerven«, sagte Jacques und nahm einen großen Schluck, dem er ein genießerisches Seufzen folgen ließ.

»Wie heißt sie eigentlich?«, fragte Maria.

Ich griff nach der Handtasche und leerte sie auf den Tisch. Schlüssel, Tampons, ein ausgeschaltetes Handy, die Fernbedienung für das Garagentor. In einer kleinen Brieftasche waren ihr Ausweis und der Kfz-Schein.

»Sie heißt auch Maria.« Ich lachte leise. »Carmen Maria Clementa Berger.«

»Seine Tochter?«, fragte Jacques.

»Wahrscheinlich. Geboren in Asunción. Schon wieder Paraguay.« Ich drehte den Ausweis um, während ich an meinem Glas nippte. »Gemeldet in der Eichendorffstraße 15. Neuehrenfeld, wenn ich nicht irre. Eins fünfundsiebzig groß. Augenfarbe braun.«

»Wenn ich nur wüsste, an wen sie mich erinnert.« Jacques stand auf. »Ich seh mal nach, ob Alex was Neues hat. Danach kannst du mit ihr reden.« Er ging ins Wohnzimmer zu seinem Laptop, Marias Blick folgte ihm.

»Wie gefährlich ist das eigentlich, was ihr da macht?«, fragte sie, nachdem er im Wohnzimmer verschwunden war. Ich zuckte die Schultern. »Ich weiß es wirklich nicht, Maria. Wir haben so etwas noch nicht erlebt. Wir wissen nicht, mit wem wir es zu tun haben.« Erst jetzt griff sie zu ihrem Weinglas. Nachdenklich sah sie darauf hinab.

»Ist er nicht langsam ein wenig zu alt für solche Sachen?«, fragte sie und nahm einen Schluck. »Traust *du* dich, ihn das zu fragen?«

Sie lächelte nur, ihr Blick schweifte über den Tisch zu Jacques' Handschuhen, die neben seinem fast leeren Glas lagen.

»Eigentlich geht es ihn gar nichts an. Das Ganze ist meine Sache, aber so denkt er nicht«, sagte ich.

»Nein«, sagte sie, »so denkt er nicht.« Ihr Lächeln verklang. »Dem Mädchen wird nichts passieren.« Ich trank den letzten Schluck aus meinem Glas.

»Ach, weißt du ...«, sagte sie. Ihr Blick entfernte sich. »Ich habe mein Leben mit Kriegern verbracht«, sagte sie nach einer Weile. »Mein Vater war einer, mein Mann, schon mein Großvater ... Krieger töten nun mal – andere Krieger meist, aber ...« Sie schüttelte leicht den Kopf. »Sie erzählen es nicht. Und wenn sie es erzählen, lügen sie. So ist das. Sie haben eine Profession, und darauf möchten sie stolz sein.« Sie sah mir unvermittelt in die Augen. In ihrem plötzlichen Blick sah ich die Zeit brennen.

»Pass auf ihn auf, Timothy«, sagte sie.

***

Ich zog die Maske über, während Jacques aufschloss. Mit der Linken öffnete ich die Tür, meine Kimber 1911 in der

Rechten. Sie lag auf dem Feldbett und sah zu mir herüber. Ich steckte die Waffe wieder in das Schulterhalfter. Jacques reichte mir das Tablett und schloss hinter mir ab.

»Abendbrot«, sagte ich.

Sie blieb liegen, den rechten Arm hinter dem Kopf.

»Sie können diese alberne Maske ruhig abnehmen.« Ihre Stimme war dunkler, als ich sie mir vorgestellt hatte.

»So?« Ich stellte das Tablett auf den Tisch und setzte mich auf einen Stuhl.

»Ich weiß, wer Sie sind. Sie waren letzte Woche vor unserem Haus. Sie sind Mitte dreißig, eins fünfundachtzig, schlank und durchtrainiert. Sie haben kurze dunkelbraune Haare und eine schmale, vorspringende Nase. Und einen Hund.«

»Aha«, sagte ich.

»Ich werde Sie wiedererkennen. Jederzeit.«

»Was macht Sie so sicher, dass ich das gewesen bin?«

Sie antwortete nicht.

»Nun, immerhin könnten Sie sich irren. Ich lass sie lieber auf.«

Sie blickte schweigend zur Decke.

»Ich habe hier einen ganz brauchbaren Chianti«, fuhr ich fort. »Oder mögen Sie lieber einen Weißen?«

»Was gibt es zu essen?«, fragte sie.

»Brote«, antwortete ich.

Sie stand auf und kam zum Tisch. »Chianti ist okay«, sagte sie.

Ich schob ihr ein volles Glas zu. Sie setzte sich und nahm einen Schluck, dann griff sie sich ein Salamibrot vom Teller. Ich schenkte zwei Gläser voll Mineralwasser und reichte ihr eines. Sie sah mich forschend an, während sie kaute.

»Falls wir uns jemals vor Gericht begegnen – was ich doch sehr hoffe –, werde ich dem Richter garantiert nicht erzählen, dass Sie eine Maske aufhatten. Ich werde Sie einfach identifizieren.« Sie zeigte mit ausgestrecktem Arm auf mich.»Der da, Euer Ehren.«

»Sie hat recht. Nimm sie ab«, hörte ich Jacques im Kopfhörer sagen.

»Nun gut.« Ich zog die Maske vom Kopf.

Sie saß mir gegenüber, die Ellbogen auf den Tisch gestützt, und nippte an ihrem Weinglas. Ohne die Maske fühlte ich mich seltsam nackt, ungeschützt. Um ihren Mund spielte fast so etwas wie ein Lächeln. Sie war kampfbereit, und sie hatte keine Angst. Sie war schön.

»Wie heißen Sie?«, fragte sie.

»Nennen Sie mich Tom, wenn Sie wollen.«

Sie wies auf das Headset. »Und wer ist da am anderen Ende? Der alte Mann vom Parkplatz?«

»Werden Sie den auch identifizieren?«

»Ich weiß nicht. Ich habe ihn nicht richtig erkennen können. Wie viel werden Sie verlangen, Tom?«

»Es geht nicht um Geld. Ich habe nur ein paar Fragen an Sie, sonst nichts.«

»Sonst nichts? Warum haben Sie nicht einfach angerufen?« Sie lachte spöttisch.

»Weil ich glaube, dass Sie gewisse Vorbehalte gegen mich haben.«

»Da könnten Sie recht haben. Und die sind nicht geringer geworden.«

»Ich hoffe, wir werden zu einer gedeihlichen Zusammenarbeit finden.«

»Sie können doch nicht ganz dicht sein! Gedeihlich!« Sie knallte das Wasserglas auf den Tisch, dass es überschwappte. Ich nahm die Flasche und schenkte nach.

»Auch noch etwas Wein?«, fragte ich.

»Nein«, fauchte sie.

»Ist Jochen Berger Ihr Vater?«

»Ich werde mit Ihnen *nicht* zusammenarbeiten! Schon gar nicht gedeihlich!«

»Ich finde das sehr bedauerlich, Frau Berger. Die Frage ist doch nicht übertrieben indiskret. Wir brauchen diese Informationen, und wir werden sie bekommen, glauben Sie mir.«

»Was haben Sie vor? Mir mit dem Ding da Angst machen?« Sie zeigte auf die Pistole unter meiner Achsel.

»Nein.« Ich zog mein Springmesser aus der Tasche, ließ es aufschnappen und rammte es in die Tischplatte. »Eher damit.«

Ihre Lippen wurden zu einem schmalen Strich. Langsam wanderte ihr Blick von dem Messer zu meinen Augen.

»Sind Sie gefährlich?«, fragte sie. Ihr Mund lächelte jetzt, aber ihre Augen flackerten etwas.

»Ja«, sagte ich.

»Ich vermute, Sie haben Erfahrung mit solchen Situationen.«

»Ja«, sagte ich, »und Sie haben eigentlich keinen Grund für Ihr übertrieben selbstbewusstes Auftreten, Frau Berger.«

»Ich verstehe … ein Folterknecht.«

»Lassen Sie es nicht drauf ankommen.«

Sie kaute auf ihrer Unterlippe. »Was wollen Sie von meinem Vater?«

»Das weiß ich noch nicht. Das hängt unter anderem von den Informationen ab, die ich von Ihnen bekomme.«

»Sie wollen ihn töten!«

Wieder sah sie mich direkt an. Ihre braunen Augen waren mit kleinen goldgrünen Punkten gesprenkelt.

»Bestätigen«, sagte Jacques in meinem Ohr.

»Ich habe den Auftrag erhalten«, sagte ich. »Aber ich weiß noch nicht, ob ich ihn ausführen werde.«

»Den Auftrag? Von wem?«

»Eben das weiß ich nicht. Aber ich würde es gern wissen. Wer könnte etwas gegen Ihren Vater haben?«

Sie starrte auf die Tischplatte, dann schüttelte sie den Kopf. »Ich wusste es. Sofort, als ich Sie gesehen habe. Sie sind ein Killer.«

»Wenn Sie so wollen.«

Sie trank aus ihrem Weinglas. »Wie wird man denn ein Killer?«, fragte sie dann.

»Ich würde lieber über Ihren Vater reden.«

»Ich nicht.«

»Haben Sie Ihrem Vater von mir erzählt?«

»Nein«, sagte sie sofort.

»Sie lügt«, sagte Jacques.

»Warum haben Sie nichts erzählt? Sie waren sich doch sicher.«

»Ich wollte ihn nicht beunruhigen.«

»Hat er so schlechte Nerven?«

Sie lachte leise. »Nein, schlechte Nerven hat er wirklich nicht. Ehrlich gesagt … ich wollte mich einfach nicht lächerlich machen. Auf Gefühle gibt mein Vater nicht besonders viel.«

»Sie aber schon.«

Sie zuckte die Schultern. »Man hat ja zwei Eltern.«

»War das das Grab Ihrer Mutter, heute Morgen auf Melaten?«

Sie legte den Kopf schräg und sah mich mit hochgezogenen Brauen an. »Da waren Sie schon an mir dran?«

Ich nickte.

»Ja«, sagte sie. »Da liegt meine Mutter. Sie hatte Krebs.«

»Das tut mir leid.«

»Das glaube ich Ihnen nicht.«

»Sie schätzen mich falsch ein.«

»Dass meine Mutter tot ist, tut Ihnen leid, aber meinen Vater wollen Sie umbringen?«

»Das ist etwas anderes.«

Ihr Zeigefinger stach nach vorne. »Das überrascht Sie jetzt vielleicht, aber für mich ist es das nicht!« Ihre Stimme klang giftig.

»Lass dich nicht drauf ein«, sagte Jacques.

»Wer war Wolfgang Stricker?«, fragte ich.

Sie verschränkte die Arme vor der Brust und blickte zur Tür.

»Ein Freund meines Vaters. Warum wollen Sie das wissen?«

»Frau Berger, beantworten Sie einfach meine Fragen.«

»Lassen Sie mich dann laufen?«

»Ja.«

Sie beugte sich über den Tisch und nahm die Weinflasche, um sich nachzuschenken. »Sie lügen«, sagte sie.

»Wenn Sie nicht antworten, werden wir Sie auf keinen Fall laufen lassen. Das ist nicht gelogen.« Ich tippte mit der Fingerspitze an den Messergriff, sodass er hin und her schwang. »Ich bin gefährlich, Frau Berger.«

Sie nahm einen Schluck Wein, dann griff sie nach der Flasche und studierte das Etikett. »Der Chianti ist gut«, sagte sie.

»Sie pflegen Wolfgang Strickers Grab?«

Sie antwortete mit geschlossenen Augen, das Glas in der Hand. »Vater hat mich darum gebeten. Die Familie kümmert sich nicht drum.«

»Hat Stricker Familie?«

»Onkel Manni sagt, er hätte einen Sohn gehabt, aber der sei tot oder verschollen oder so was. Die Frau ist wohl in einer Klinik. Ich kenne sie nicht.«

»Manni Rossbach ist Ihr Onkel?«

»Fehler«, sagte Jacques.

119

»Sie kennen Manni?« Sie sah mich neugierig an.

»Nicht näher. Er ist ein Bruder Ihrer Mutter?«

»Nein. Er ist kein richtiger Onkel. Ein alter Freund meiner Eltern. Woher kennen Sie ihn?«

»Das tut nichts zur Sache. Erzählen Sie mir von Ihrer Familie. Haben Sie Geschwister?«

Ich hörte Jacques leise lachen.

»Ich habe einen Bruder.«

»Lebt er auch in Hahnwald?«

»Nein.«

»Sondern ...« Ich hob die Stimme etwas und winkte auffordernd.

Sie verzog den Mund. »Ich weiß es nicht.«

»Was heißt das? Wieso nicht?«

»Ich habe ihn seit fünf Jahren nicht gesehen.«

»Warum?«

Ihre Schultern senkten sich ein wenig, kaum sichtbar. »Er hat Mutters Tod nicht verkraftet«, sagte sie dann leiser werdend. Ihr Blick wich meinem aus.

»Weiter«, sagte ich.

Sie zuckte die Achseln. »Sie war alles für ihn. Er konnte sich unsere Familie ohne sie nicht vorstellen. Er hat angefangen, Drogen zu nehmen – Vater hab ich das nie erzählt, der hätte ... na ja. Und dann ist er einfach verschwunden. Er hat nur einen kurzen Brief hinterlassen. Ich habe versucht, zu einem Leben ohne Mutter zu finden, mit Vater eben, und das hat er mir vorgeworfen. Vater und ich würden sie vergessen ... was für ein Unsinn. Er hat nicht mal die Beisetzung abgewartet. Nach der Einäscherung ist er fort.«

»Wie alt ist er?«

»Zwei Jahre älter als ich. Siebenundzwanzig jetzt. Ich habe ihn damals sehr vermisst, als er einfach so verschwand ... ich vermisse ihn immer noch. Jetzt habe ich nur noch Vater. Ja, ich vermisse ihn.«

»Und Sie wissen nicht, wo er steckt?«

»Nein, keine Ahnung. Ich nehme an, er ist ins Ausland gegangen. Vielleicht zurück nach Paraguay. Er mochte Deutschland nicht besonders.«

»Wie heißt er?«

»Manuel.«

»Ein schöner Name.«

»Da ist er aber anderer Meinung.« Sie grinste halb.

»Erzählen Sie mir von Ihrem Vater.«

Sie seufzte. »Jochen Berger, fünfundsechzig Jahre, Privatier. Seit Mutters Tod lebt er zurückgezogen. Außer zu Manni hat er kaum noch Kontakte.«

»Woher kannte er Wolfgang Stricker?«

»Was haben Sie immer mit dem Mann? Der ist seit zwanzig Jahren tot! Länger – er war schon tot, als ich auf die Welt kam.«

»Beantworten Sie bitte nur meine Fragen, Frau Berger. Welche Beziehung bestand zwischen Ihrem Vater, Manni Rossbach und Wolfgang Stricker?«

»Sie waren Freunde. Mehr weiß ich nicht.«

Ich goss mir ein Glas Wein ein. »Warum sitzt er im Rollstuhl?«

»Er hatte einen Autounfall, vor einem halben Jahr etwa. Sein Knie ist völlig zertrümmert ... Wissen Sie ...« Ihr Gesicht verzog sich skeptisch.

»Was?«, fragte ich, als sie nicht weitersprach.

»Ich weiß nicht, ob es wirklich ein Unfall war.«

»Sondern?«

»Ein Kollege von Ihnen.«

»Wie kommen Sie darauf?«

»Der Reifen war fast neu. Die Sachverständigen haben nicht erklären können, warum er geplatzt ist.«

»So etwas kommt vor.«

»Und nach sechs Monaten stehen Sie vor unserem Haus. Das soll Zufall sein?«

»Tja … Wer sind seine Feinde?«

»Ich habe keine Ahnung.«

»Woher stammt sein Geld? Ihre Familie scheint doch sehr reich zu sein.«

»Er war Geschäftsmann.«

»In Paraguay?«

»Ja, anfangs. Dort habe ich meine Kindheit verbracht. Später zogen wir dann nach Köln. Vater reiste oft hin und her.«

»Was waren das für Geschäfte?«

»Import-Export.« Sie machte eine vage Handbewegung. »Er hat mit allem Möglichen gehandelt. Aber ich weiß nichts Genaues, er redete nicht darüber. Er redet überhaupt nicht viel. Und seit Mutter tot ist, fast gar nicht mehr.«

»Was tut er den ganzen Tag?«

»Lesen.«

»Sonst nichts? Den ganzen Tag?«

»Eigentlich schon. Er hat eine Unmenge von Büchern, eine richtige Bibliothek. Er sagte mir mal, er habe viel nachzuholen.«

»Dieses Haus …«

Sie lachte leise. »Man könnte glauben, er hat mit Ihnen gerechnet, nicht wahr?«

»In der Tat.«

»Ich hab es nie gemocht. Wir haben zwei viel größere und schönere, in Italien und Paraguay. Aber er ist am liebsten hier. Das Haus ist nach seinen Anweisungen gebaut worden, er wollte es genau so. Innen ist es ganz schön.«

122

»Hat er Waffen?«

»Ja. Einen ganzen Schrank voll. Und er ist ein sehr guter Schütze. Als Kinder waren wir manchmal mit zum Skeet- schießen. Er war wirklich gut. Er hat regelmäßig trainiert. Ich glaube nicht, dass er alles verlernt hat, also seien Sie besser vorsichtig.« Ihr Blick wurde wieder angriffslustiger.

»Hat er immer nur auf Tontauben geschossen?«, fragte ich.

Sie kniff die Augen leicht zusammen. Es dauerte eine Se- kunde, bis sie antwortete.

»Sie meinen, ob er gejagt hat?«

»Nachhaken«, sagte Jacques.

»Nicht wirklich«, sagte ich.

Sie sagte nichts.

»In Paraguay gab es doch bestimmt auch andere Ziele, auf die man anlegen konnte«, sagte ich.

Sie griff nach dem Weinglas und trank es leer.

»Nun?«, fragte ich.

»Ich bin müde«, sagte sie. »Wie spät ist es?«

»Gute Frage«, sagte ich.

»Zehn nach zwei«, sagte Jacques. »Mach Schluss und komm rauf.«

»Wir machen morgen weiter.« Ich zog das Messer aus der Tischplatte und klappte es zusammen. »Brauchen Sie noch was für die Nacht?«

»Nein, es ist ja alles da. Pyjama, Zahnbürste. Man könnte meinen, es sei eine Frau im Haus.«

»Wir tun, was wir können«, sagte ich. »Sollte Ihnen noch was einfallen, ich schlafe direkt vor der Tür.«

»Schnarchen Sie bitte nicht zu laut. Könnte ich Tee zum Frühstück bekommen?«

»Leider nur aus Beuteln.«

»Na ja«, sagte sie. Sie lächelte ein wenig, als ich den Raum verließ.

***

Jacques saß in der Küche. Das Digital-Funkgerät und der Rekorder lagen vor ihm auf dem Tisch, daneben das Headset. »Nennst du das ein Verhör?«, fragte er.

Seine Stimme kam leicht zeitverzögert in meinem Kopfhörer an, ich zog ihn aus dem Ohr und schaltete den Sender aus. »Was hast du denn? Wir haben doch eine ganze Menge.« Ich ging zum Fenster und schob den Vorhang beiseite. Es hatte angefangen zu stürmen. Eine große Menge Blätter wirbelte vom Rheinufer her die Straße entlang. »Nichts haben wir. Was ist denn mit dir los? ›Ich bin gefährlich, Frau Berger.‹ Glaubst du, damit hast du ihr Angst gemacht? Sie hat dir nichts erzählt, was wir nicht schon wussten.«

»Er soll ein Freund meines Vaters gewesen sein.«

»Das ist ja nicht gerade eine *Riesen*überraschung, wo sie schon sein Grab pflegt.«

»Ein Freund meines Vaters … Ich kann mich an niemanden wie ihn erinnern, aber das heißt natürlich nichts.«

»Nein, das heißt nichts.«

»Warum bist du denn so sauer?«

»Weil du Chancen vergibst. Wenn du sie richtig angepackt hättest, wären wir schon viel weiter. Import-Export, das glaubt die doch selbst nicht. Das Mädchen ist zu clever, um nichts mitzukriegen. Du musst sie viel härter anpacken«, er zielte mit dem Finger auf mich, »aber du willst nicht.«

Ich setzte mich an den Tisch. »Reichst du mir mal den Wein?«, fragte ich.

Er schob mir die Flasche zu. »Du hast recht«, sagte ich, während ich mir einschenkte. »Ich will nicht.«

»Warum? Weil sie eine Frau ist?«

»Nein.«

Das war die halbe Wahrheit. Ich hatte erst einmal eine Frau zum Reden bringen müssen, die wirklich nicht reden wollte. Sie hatte vor dem, den sie verraten musste, mehr Angst als vor mir. Anfangs. Sie war eine Prostituierte aus Albanien, hielt sich illegal in Holland auf, und ihr Zuhälter war mit einem taiwanesischen Kartell aneinandergeraten, für das wir häufiger arbeiteten. Meist traf ich auf eine andere Art Menschen. Menschen, die Regeln gebrochen hatten, die sie genau kannten – sehenden Auges Risiken eingegangen waren und verloren hatten. Doch diese Frau hatte mit der ganzen Geschichte nichts zu tun, sie kannte nur als Einzige den Aufenthaltsort des Mannes, den ich suchte. Sie war in das Mühlwerk geraten, und ich konnte ihr nicht heraushelfen – ich war der Stein. Ich hatte mich bemüht, sie zu schonen, aber am Ende hatte sie sehr viel mehr Angst vor mir als vor ihrem Luden. Es war eine Erinnerung, die ich wirklich hasste, ich wollte so etwas nicht noch einmal tun müssen. Aber trotzdem war es nicht der eigentliche Grund.

Jacques schlug mit den Fingern auf die Tischkante. »Du bist verknallt«, bellte er.

Ich nahm das Glas und hielt es vor das Licht der Küchenlampe. Der Wein leuchtete in einem hellen Rotton.

»Kann sein«, sagte ich.

Er stöhnte auf. »Haben wir nicht genug Probleme?«

Ich zuckte die Schultern.

»Morgen früh mache *ich* weiter«, sagte er.

»Nein, noch nicht. Lass mich noch einen Durchgang machen, vielleicht kann ich sie ja knacken.«

»Eher knackt sie dich.«

»Ich brauche noch eine Chance.«

»Du meinst, *sie* braucht noch eine Chance.«

Ich rieb mir die Augen. »Vorschlag«, sagte ich. »Wir haben beide Schlaf nötig. Du fährst morgen früh nach Hahnwald und checkst den Wagen. Bis du wieder da bist, habe ich, was wir brauchen. Oder *du* bist dran.«

»Bon«, sagte er nur.

»Ist Maria schon im Bett?«, fragte ich.

»Ja. Du musst dir dein Lager im Keller selbst aufschlagen.«

»Kein Problem.« Ich stand auf und nahm den Digitalrekorder. »Gute Nacht, mein Freund. Weck mich, wenn du fährst.«

Er nickte mir zu.

Im Vorraum des Kohlenkellers faltete ich die Klappliege auseinander und schob sie direkt vor die Tür. Meine Sachen legte ich auf einen alten Hocker, den ich ans Kopfende der Liege schob – die 1911er zuoberst –, dann kroch ich in den Schlafsack. Ich stöpselte den Kopfhörer in den Rekorder und hörte mir die Aufzeichnung an.

Jacques hatte natürlich recht, es war kein Verhör, nur eine freundliche Unterhaltung gewesen. Wenn sie uns nicht mehr an brauchbaren Informationen lieferte, mussten die Schrauben erheblich angezogen werden, allein schon, um ihre Glaubwürdigkeit zu überprüfen.

Ich löschte das Licht, aber ich wusste, dass ich lange nicht würde schlafen können.

***

»Tja, mein Lieber ...« Oberkommissar Dorff schlug die Akte zu, die vor ihm auf seinem Schreibtisch lag.

Ich saß ihm gegenüber und versuchte, nicht zu gelangweilt auszusehen.

»Ich gratuliere Ihnen, Herr Stricker. Gerade mal achtzehn und schon einen wie Dr. Liesegang als Anwalt. Hat Ihr Herr Vater Ihnen den hinterlassen?« Ich antwortete nicht, aber meine Nackenhaare stellten sich auf. »Und denk daran, Tom: Niemals provozieren lassen«, hatte Dr. Liesegang gesagt, wie immer. Und wie immer würde ich seinen Rat befolgen. Aber es war das erste Mal, dass ein Bulle mich auf meinen Vater ansprach. Die Frage stellte meine Beherrschung auf eine heftige Probe.

»Er hatte ja auch einen guten Anwalt nötig, Ihr Herr Vater. Aber die rechtliche Seite war dann ja letztlich doch nicht die entscheidende.« Er grinste.

Meine Wangen begannen zu glühen. »Ich glaube nicht, dass er seinen Anwalt gefragt hat, ob er sich erschießen sollte, Herr Hauptkommissar.«

»Nur Oberkommissar, Herr Stricker. Ich war ja damals Mitarbeiter beim alten Hugenbruch, der die Ermittlungen nach dem Tod Ihres Herrn Vaters geführt hat. Ich muss schon sagen, mein lieber Scholli, Ihr alter Herr hatte es wirklich weit gebracht. Ein bisschen zu weit vielleicht.«

»Ich verstehe nicht, was Sie meinen.« Eigentlich hätte ich aufstehen und den Raum verlassen sollen. Ich hatte das erste Mal mit Dorff zu tun, er war Anfang vierzig, zu fett für sein Alter, und er schien ein völliger Idiot zu sein – aber er hatte meine Neugier geweckt.

»Nun, Hugenbruch hat ja nicht viel gehabt von seinem Erfolg. Kaum war Ihr Herr Vater tot, ist er im Fühlinger See ertrunken. Tragisch, tragisch. Wissen Sie, wie lange der hinter Ihrem Herrn Vater her war?« Er schüttelte den Kopf und lachte kurz auf. »Fast zwei Jahre!«

127

»Ich verstehe nicht«, sagte ich, denn ich verstand wirklich nicht. »Weshalb denn?«

»Mein lieber Herr Stricker!« In gespielter Verzweiflung verzog er das Gesicht. »Weshalb denn! Was denken Sie denn? Womit hat denn Ihr Herr Vater die Brötchen finanziert?«

»Er war Kunsthändler.«

Das Echte an meinem Unverständnis drang langsam zu Dorff durch. Er lehnte sich in seinem Drehstuhl zurück und sah mich neugierig an.

»Warten Sie mal, Sie waren ... sechs, wenn ich richtig rechne, ja?«

Ich nickte.

»Und Sie glauben, Ihr Herr Vater war Kunsthändler.«

»Warum sollte ich das nicht tun?«

Langsam kam Dorff wieder hoch und stützte seine Ellbogen auf die Schreibtischplatte. »Er weiß es wirklich nicht, der Kleine.« Sein Gesicht verzog sich zu einem feisten Grinsen. »Dann hör mir mal gut zu, *Bürschchen*!« Er beugte sich zu mir vor, seine Stimme wurde zu einem Zischen. »Dein Vater war ein gottverdammter Drogendealer, der größte in Köln damals. Und ich und Hugenbruch waren an ihm dran. Wir hätten ihn längst hochnehmen können, aber der Alte war clever. ›Warte, Dörffchen‹, hat er immer gesagt, ›nichts überstürzen. Vieles regelt sich dann ganz von allein.‹ Von uns hätte dein Alter nur ein paar Jahre bekommen, und ich glaube, Hugenbruch war einfach mehr für die Todesstrafe. Er hat das ja auch prima hingekriegt. Wenn dein Alter es nicht selbst erledigt hätte, hätten es seine Konkurrenten getan.«

Ich starrte Dorff fassungslos an. Sein Grinsen war verschwunden.

»Du bist der Sohn eines Verbrechers, du Frettchen, und du

machst deinem Vater alle Ehre. Du kannst jetzt gehen. Wir sehen uns wieder.«

Darin irrte er sich. Weiß wie die Wand verließ ich sein Büro. Ich wollte fort. Weit. Bald.

***

Jacques hatte mich um sieben geweckt, er war schon abfahrbereit. Ich hatte kurz geduscht, während Maria ein Frühstückstablett fertig machte. Jetzt stand es vor mir auf dem Tisch im Keller. Carmen Berger saß mir gegenüber, sie trug noch den Pyjama. Augenscheinlich hatte sie gut geschlafen. Ich goss Tee ein.

»Meine letzte Frage gestern Nacht war: Hat Ihr Vater auf Menschen geschossen?«

»Können Sie mich nicht erst frühstücken lassen?«

»Nein.«

»Warum nicht?«

»Wir, das heißt, besonders Sie, stehen ziemlich unter Zeitdruck. Ihre Situation ist folgende, Frau Berger: Mein Partner ist der Meinung, dass ich einen erheblich zu freundlichen Ton Ihnen gegenüber wähle. Er ist der Meinung, Sie würden seinem Stil mehr Respekt entgegenbringen als meinem. Und ich denke, er hat recht.«

Sie biss in ein Käsebrötchen und zog dann die Teebeutel aus der Kanne. »Also sind Sie gar nicht gefährlich?«, fragte sie mit vollem Mund.

»Es wird für Sie sehr viel unangenehmer, wenn *er* die Befragung führt, so viel steht fest. Er wird Ihnen wirklich wehtun. Er hat mehr Erfahrung als ich.«

Sie kaute schweigend.

»Also?«, fragte ich.

»Na gut.« Sie nahm einen Schluck Tee. »Es gab einen Feuerüberfall. Ich war zwar dabei, aber ich war noch ein Kind. Vier oder fünf, glaub ich. Mutter hat mir erst viel später erzählt, was da eigentlich passiert ist. Da war sie schon krank, es war kurz vor ihrem Tod, nach ihrer dritten OP. Sie wusste, sie würde bald sterben. Mein Bruder und ich waren viel bei ihr damals. Wir waren ihre letzten Freunde. In den Wochen hat sie viel erzählt. Geschichten, die ich noch nicht kannte. Wie eine Beichte. Bis sie irgendwann zu schwach dazu war ...«

Sie hielt den Teebecher mit beiden Händen, als wolle sie sich daran wärmen.

»Was genau hat sie erzählt?«

Wieder nahm sie einen Schluck, bevor sie fortfuhr. »Unser Jeep wurde angegriffen, in den Sümpfen bei Caazapá. Mutter sagte, Vater hätte drei Männer erschossen.«

»Drei? Ist das Ihr Ernst?«

»Das hat Mutter mir erzählt. Ich selbst habe gar nichts gesehen, ich lag unter ihr auf dem Wagenboden und habe geheult. Ich kann mich nur vage erinnern, wie es unvermittelt einen Schlag tat und die Windschutzscheibe zersplitterte. Mutter erzählte, dass wir unterwegs zu der Hazienda eines Freundes waren. Hinter einer Kurve war plötzlich die Straße blockiert, von einem Lastwagen. Als unser Wagen zum Stehen kam, wurde sofort das Feuer eröffnet. Vater hat ihr gesagt, sie solle sich mit mir hinlegen. Sie hat noch gesehen, wie er einen der Schützen überfahren hat, dann lag sie mit mir auf dem Boden. Vater hat versucht, nach hinten zu entkommen, aber das hat irgendwie nicht geklappt. Da hat er die Scheibe heruntergefahren und zurückgeschossen. An das Knallen von Vaters Gewehr kann ich mich auch noch erinnern, es war entsetzlich laut in dem Wagen. Und dann war plötzlich alles still. Mutter sagte, ein paar der Männer seien mit dem Laster entkommen, aber drei hätten verletzt auf dem Weg gelegen. Vater ist ausgestiegen und hat ihnen in die Köpfe geschossen. Einem nach dem anderen. Mutter sagte ...« Sie führte den Teebecher wieder zum Mund. Sie wollte nicht weiterreden. Ich sah sie an, aber sie wich meinem Blick aus. Doch dann nickte sie und fuhr fort.»Sie sagte, sie hätte damals Angst vor Vater bekommen. Er hätte die Männer so kalt und überlegt getötet, das hätte sie ihm niemals zugetraut. Für sie sei er danach ein anderer Mensch gewesen.«

»Haben Sie mit Ihrem Vater je darüber gesprochen?«

Sie schüttelte den Kopf.»Nein. Ehrlich gesagt habe ich versucht, es zu vergessen.«

»Haben *Sie* Angst vor Ihrem Vater?«

»Ich? ... Nein. Er ist mein Vater, meine Familie. Er hat mir nie etwas getan. Ich habe doch nur noch ihn.« Sie sah gedankenverloren auf die Tischplatte.

»Was war das für ein Überfall?«

»Offiziell ein Raubüberfall.«

»War es das wirklich?«

»Woher soll ich das wissen? In Anbetracht meiner momentanen Situation möchte ich es bezweifeln.«

»Ist Ihr Vater dafür belangt worden?«

»Ein Feuergefecht, bei dem irgendwelche Campesinos von einem reichen Geschäftsmann getötet werden ... In Südamerika läuft so was unter Notwehr.«

»Hat Ihre Mutter noch andere Dinge über Ihren Vater erzählt, die Sie nicht wussten?«

»Nein, die anderen Dinge waren keine Geheimnisse. Wie sie ihn in Köln kennengelernt hat ... ihre Hochzeit in Asunción ... dass er sie oft mit uns allein gelassen hat, weil er geschäftlich unterwegs war.«

»Und Sie haben sich nie gefragt, woher sein Vermögen stammt?«

»Warum sollte ich? In der Umgebung, in der ich aufwuchs, waren alle reich. Reicher als wir übrigens. Armut war eine Krankheit der Eingeborenen.«

»Jetzt sind Sie ja kein Kind mehr und auch nicht mehr in Paraguay – was denken Sie denn heute darüber?«

»Nun ... ich denke, dass keiner von denen sein Geld auf wirklich ehrliche Art gemacht hat. Aber das kann man bestimmt auch über etliche unserer heutigen Nachbarn sagen.«

»Das sagt noch nichts über Ihren Vater.«

»Er war Geschäftsmann.«

»Und das reicht Ihnen?«

»Ja. Mir reicht das.«

»Ich glaube Ihnen nicht«, sagte ich. »Und mein Partner glaubt Ihnen auch nicht. Sie sind ein zu heller Kopf, als dass Sie sich damit zufriedengäben.«

»Vielleicht überschätzen Sie meinen hellen Kopf ja.«

»Ich glaub's fast.« Ich stand auf und ging schnell um den Tisch herum. Für einen Moment blieb ich vor ihr stehen und sah auf sie hinab, sie wandte ihren Blick nicht von der Tischplatte. Ich beugte mich zu ihr hinunter, bis mein Gesicht dicht an ihrem war. Sie versuchte auszuweichen, aber ich packte in ihre Locken und hielt sie fest. Sie rang nach Atem und begann zu weinen, nicht erkennbar, ob aus Wut oder Angst, doch ich würde es herausfinden. Ich zog das Messer und ließ es vor ihren Augen aufspringen. Sie schob den Unterkiefer vor und kämpfte die Tränen nieder.

»Ich *bin* gefährlich«, sagte ich leise.

Ich hielt die Spitze der Klinge von hinten unter ihr Ohrläppchen.

»Was jetzt?«, fragte sie keuchend.

»Wenn Sie nicht mitspielen, muss ich Ihnen wehtun«, sagte ich.

Sie atmete heftig, aber sie weinte nicht mehr. Langsam erhöhte ich den Druck auf das Messer. Sie schloss die Augen. Sie war schön.

Ein dünner roter Strich kroch diagonal über die Klinge, an seinem Ende bildete sich ein Tropfen. Als er auf den Schaft traf, verharrte er und wurde größer. Dann trat er über und lief auf meinen Zeigefinger.

»Reden Sie doch einfach.«

Sie hielt die Luft an, die Augen zugekniffen. Der rote Strich wurde breiter. Sie weinte. Vor Schmerz.

»Bitte«, sagte ich leise, »sei doch vernünftig.«

Sie nickte, schwer atmend. Ich nahm das Messer weg. Langsam sah sie wieder hoch. Ihr Blick belauerte mich, doch immer noch war nicht Angst darin, nur ein Abwägen, ob sich ein Kampf noch lohne.

»Das war *nichts*«, sagte ich, »das war *gar* nichts.«

Sie zog die Nase hoch. »Schon okay«, sagte sie. »Ich habe verstanden.«

✳✳✳

Jacques kam später als erwartet.

»Na, was erreicht?«, fragte er, als er die Küche betrat.

»Import-Export. Und zwar von Frauen, Drogen und Waffen aller Art. Schwerpunkt Waffen.«

»Wer sagt's denn. War's schwer?«

Ich zuckte die Achseln. »Es ging.«

»Wie geht's ihr?«

»Ich habe sie verarztet.

Er nickte ernst. »Ist sie okay?«

»Ja«, sagte ich.

»Ich habe hier auch was Interessantes. Das gucken wir uns erst an, dann kannst du mir den Rest erzählen.«

Er ging zur Tür. Im Vorbeigehen legte er mir die Hand auf die Schulter und drückte sie kurz. Ich folgte ihm ins Wohnzimmer.

»Wo steckt Maria?«, fragte er, während er eine DVD in den Player schob.

»Einkaufen.« Ich setzte mich aufs Sofa.

Das gewohnte Bild des Hauses erschien auf dem Fernseher, aber die Perspektive schien etwas verdreht zu sein, außerdem hing etwas vor der Linse, das den rechten Bildrand verdunkelte. Jacques setzte sich neben mich.

»Was ist passiert?«, fragte ich.

»Es hat gestürmt letzte Nacht.«

Drei Jungen auf BMX-Rädern kamen in die Einfahrt gefahren und blickten sehr interessiert zu uns herauf.

»Oh nein«, sagte ich.

»Die Tarnung ist verrutscht.«

»Scheiße.«

»Der Film ist noch nicht aus«, sagte er und lachte leise.

Minutenlang diskutierten die Jungs miteinander. Nur selten wandten sie den Blick von der Kamera. Dann kam die Zugehfrau.

»Pünktlich wie immer«, sagte Jacques. Die eingeblendete Uhr zeigte zwölf nach acht.

Die Frau sprach mit den Jungen, und alle drei zeigten zur Kamera. Mit der Hand über den Augen sah sie herauf, dann verjagte sie die Jungs aus der Einfahrt und drückte auf den Klingelknopf. Die Tür öffnete sich, die Frau blieb darin stehen, redete und wies auf die Kamera. Sie trat beiseite, und Jochen Berger rollte in seinem Stuhl aus der Tür. Für wenige

Sekunden nur sah er herauf, dann verschwand er wieder im Haus. Die Tür schloss sich hinter den beiden.

»So haben wir ihn wenigstens mal gesehen.«

»Warte ab, es kommt noch besser«, sagte Jacques mit einem Grinsen. Er griff zur Fernbedienung und drückte auf Schnelllauf. »Das ist knappe fünf Minuten später.«

Das Garagentor fuhr auf. Jochen Berger saß in seinem Rollstuhl direkt dahinter. Auf seinen Knien lag ein Gewehr. Als das Tor ganz oben war, nahm er das Gewehr auf und hob es an die Schulter. Auf dem Bildschirm verkürzte sich der Lauf zu einem Punkt. Eine Sekunde später wurde der Bildschirm erst weiß, dann dunkel.

»Leck mich am Arsch«, sagte ich, »was für ein Motherfucker.«

»Ein *echter* Motherfucker.« Jacques lachte leise.

Ich schüttelte den Kopf. »Das ist eine ziemliche Scheiße.«

»Aber nicht zu ändern.«

»Der Wachdienst wird sich dafür interessieren und über kurz oder lang auch die Bullen. Wir sollten den Transporter wegfahren.«

»Schon passiert«, sagte Jacques.

»Jetzt weiß er natürlich Bescheid. Seine Tochter ist verschwunden, die Kamera …«

»Er scheint ein harter Bursche zu sein«, sagte Jacques. »Was hast du herausbekommen?«

Ich stand auf und öffnete die Verandatür. Die Herbstluft war frisch, aber geschwängert von den Ausdünstungen der Kläranlage auf der anderen Rheinseite.

»Er *ist* ein harter Bursche. Zumindest war er einer. Sein erstes Geld hat er mit Schmuggel gemacht. Drogen aus und Waffen nach Südamerika. Er hat damals eng mit Manni Rossbach zusammengearbeitet, hatte aber immer das dickere Ende für sich. Gemessen an ihm ist Manni 'ne kleine Nummer geblieben. Aber Berger ist tatsächlich aus dem Geschäft, seit fünf Jahren. Manni und sein neuer Partner – Löwenstein heißt der Mann – haben versucht, von ihm Geld zu leihen, Vorfinanzierung für einen Waffendeal im Kosovo. Darum ging es gestern Abend in dem Jazzclub. Berger hat seine Tochter als Vertretung hingeschickt.«

»Tut er das öfter?«

»Ja, seit seinem Unfall regelmäßig. Sie ist seine einzige Vertraute.«

»Juristin?«

»Nein, Medizinerin. Abgeschlossenes Studium, noch ohne Doktortitel, hat auch noch nicht praktiziert. Sie versorgt sein Knie, deswegen lebt sie auch wieder in Hahnwald. Sie hat den beiden jedenfalls in seinem Namen abgesagt. Berger will legal bleiben. Er hat sich nur aus Höflichkeit gegenüber Manni das Angebot überhaupt angehört. Die Herrschaften waren wohl nicht erfreut.«

»Es gibt Spannungen zwischen Rossbach und Berger?«

»Sieht so aus. Berger hat seine Aktivitäten in den letzten Jahren komplett legalisiert. Schneidet eigentlich nur noch Coupons. Dagegen will Manni wieder ins Geschäft. Mit seinen Immobilien hat er wohl ein paar Flops gelandet.«

Jacques zündete sich einen Zigarillo an. »Wer ist dieser Löwenstein?«

»Ein Klüngel-Mafioso. Hängt in Köln überall mit drin, ist aber keine wirklich große Nummer. Soll Manni bei der Logistik helfen. Offiziell ist er Taxi- und Transportunternehmer. Steht auf Jazz.«

»So sah der gar nicht aus. Wie groß sind die Spannungen?«

»Sie war nicht sicher. Möglicherweise ist Manni der Meinung, Berger schulde ihm was.«

»Ist das so?«

»Ja. Er hat ihn übervorteilt.«

»Verstehe. Um wie viel geht es?«

»Das ist nicht genau zu beziffern. Im Lauf der Jahre könnten es ein paar Millionen geworden sein.«

»Ohne dass Rossbach es gemerkt hat?«

»Bis jetzt hat er jedenfalls nicht reagiert.«

»Vielleicht ja doch.«

Ich kratzte mich am Kinn. »Seinem Ruf nach ist Manni nicht der Typ, der jemanden engagiert, um seine Rechnungen begleichen zu lassen. Aber er ist natürlich nicht mehr fit.«

»Und diesen Löwenstein kennen wir auch nicht«, sagte Jacques.

Das Handy von Thorsten Cornelius begann zu klingeln. Wir sahen uns an. Niemand kannte diese Nummer. Ich nahm es vom Tisch und sah auf das Display.

»Anonym.« Ich zögerte.

Mit einer bedächtigen Bewegung drückte Jacques den Zigarillo wieder aus. »Geh dran«, sagte er.

Ich nahm das Gespräch an und hielt das Handy ans Ohr, ohne etwas zu sagen.

»Hallo, Timothy«, sagte eine Männerstimme.

»Wer ist da?«, fragte ich.

»Hier ist Tom.« Die Stimme lachte leise.

Ich sah zu Jacques; er saß angespannt neben mir, die Augen zusammengekniffen. Ich rückte dichter zu ihm.

»Tom Stricker ist tot.« Ich hielt den Apparat etwas vom Ohr weg und drückte die Lautstärke hoch.

»Aber nein, das hättest du nur gern«, sagte die Stimme. Wieder ein Lachen.

»Woher haben Sie diese Nummer?«, fragte ich.

»Es hatte was mit einer Kreditkartenabrechnung zu tun.«

War nicht ganz einfach, tut jetzt aber nichts zur Sache. Wirst du den Auftrag annehmen?«

»Ich weiß es noch nicht«, sagte ich.

»Dafür seid ihr aber schon ganz schön weit. Gefällt mir gut, was ihr da so macht.«

»Er beobachtet uns.« Jacques' Lippen formten die Worte, fast unhörbar.

»Was wollen Sie von mir?«, fragte ich.

»Dass du den Auftrag zu Ende bringst, sonst nichts.«

»Wieso dann dieser Name?«

»Ich wollte meine Verbundenheit zum Ausdruck bringen.«

»Was soll das heißen?«

»Dass es nicht irgendein Job ist, Timothy.«

»Das ist mir klar. Aber warum muss *ich* ihn machen?«

»Weil du der Richtige dafür bist. Der Einzige sogar. Das Schicksal hat dich ausgesucht, nicht ich.«

»Was soll das heißen?«

»Glaubst du nicht an das Schicksal, Timothy?«

»Nicht, wenn ich es vermeiden kann.«

Er lachte. »Die Antwort gefällt mir. Ich wünschte, wir könnten uns noch ein bisschen unterhalten, aber dafür ist leider überhaupt keine Zeit. Ihr werdet nämlich gleich Besuch bekommen.«

»Besuch? Von wem?«, fragte ich.

»Manni Rossbach und Atze, das ist Löwensteins Schläger. Und ich fürchte, sie sind bewaffnet.«

»Was wollen sie?«

»Timothy, bitte! Was können sie schon wollen? Carmen natürlich.«

»Und wann kommen sie?«

»Jetzt«, sagte die Stimme.

Die Verbindung wurde unterbrochen, im selben Moment

schloss jemand die Haustür auf. Jacques sprang auf und lief zur Wohnzimmertür. Er riss seine Beretta aus dem Halfter und spähte in die Diele.

»Maria, Vorsicht!«, rief er. Etwas polterte und fiel zu Boden. Jacques lehnte sich neben der Tür an die Wand.

»Sie haben Maria«, sagte er leise.

Ich war schon an der Verandatür, die Kimber in der Hand. Für Sekundenbruchteile sahen wir uns an. Ich spürte seine Sorge, fast war es Angst. Er zeigte auf sein Ohr, dann auf die Verandatür, dann nach unten. Ich nickte und lief los.

Mit wenigen Schritten war ich draußen an der Kellertreppe. Während ich die Stufen hinuntersprang, nestelte ich den Kopfhörer aus der Brusttasche meiner Jacke. Mein Handy läutete bereits, ich drückte den Hörer ins Ohr.

»Okay«, sagte ich.

»Kommt nicht näher!«, hörte ich Jacques brüllen.

Ich schloss die Kellertür auf und rannte zum Kohlenkeller.

»Wir haben eure Oma.« Ich erkannte Mannis Bassstimme. Sie klang noch immer beeindruckend, selbst durch den Kopfhörer.

»Wir haben das Mädchen«, sagte Jacques.

Das Schloss klemmte, ich zerrte wütend an der Tür.

»Na, dann sollten wir uns doch einigen können«, sagte Manni.

Als ich die Tür endlich offen hatte, stand Carmen Berger direkt vor mir.

»Kommen Sie mit. Sofort.«

»Was ist los?« Verständnislos sah sie mich an.

»Keine Fragen. Kommen Sie.«

Ich packte sie und drehte ihr den Arm auf den Rücken. Sie schrie auf.

»Ruhe, keinen Ton!« Ich schob sie vor mir her zur Treppe.

»Was schlagt ihr vor?«, fragte Jacques.

»Einen Austausch natürlich.« Manni klang ärgerlich, als hätte man ihn vom Mittagstisch weggeholt.

»Sind sie an der Kellertür vorbei?«, fragte ich.

»Ja«, antwortete Jacques leise. »Ihr wollt verhandeln?«, rief er dann.

»Verhandeln, am Arsch! Was gibt's da zu verhandeln? Ein Austausch, eins zu eins.«

»Keinen Ton«, zischte ich und drängte Carmen die Kellertreppe hoch.

»Und wie soll das vor sich gehen?«, rief Jacques.

»Ihr lasst Carmen frei, und wir lassen die Oma frei. Mach's doch nicht komplizierter, als es ist!«

»Und dann marschiert ihr friedlich aus der Tür? Für wie blöde hältst du mich?«

Wir erreichten die Tür. »Ich bin so weit«, sagte ich.

»Okay«, sagte Jacques leise.

Ich drückte die Klinke langsam nach unten. »Achtung – und – *jetzt*«, sagte ich.

Ich drängte Carmen mit Gewalt vor mir her. Die Tür flog auf. Wir standen in der Diele, keine zwei Meter hinter den beiden Männern und Maria. Sie fuhren herum, Manni riss seine schwere Pistole hoch und zielte in meine Richtung. Atze stand direkt vor mir, mit dem Rücken zur Wand; er hielt Maria genau so wie ich Carmen: den linken Arm um sie geschlungen, die Waffe hinter ihrem Ohr. In ihrem Rücken war Jacques aus der Wohnzimmertür getreten und zielte nun direkt auf Mannis Kopf. Dessen Waffe schwankte suchend, doch Carmen deckte mich fast vollständig, er fand kein Ziel. Niemand rührte sich, keine Bewegung, nirgends. Nur Blicke fuhren durch den Raum.

»Vorteil bei uns«, sagte ich.

Die Sekunden tropften. Mannis Blick lag starr auf mir. Er berechnete die Chancen für einen Treffer, ohne Carmen zu verletzen.

»Du traust mir den Schuss wohl nicht zu?«, fragte er.

»Ich glaube, dass *du* ihn dir nicht zutraust, alter Mann.« Er nickte ganz leicht. »Wie regeln wir das jetzt?«

»Erst legst *du* die Waffe hin, dann legt dein Partner die Waffe hin, dann sehen wir weiter.«

Noch immer hatte sich niemand bewegt.

»Vielleicht traue ich mir den Schuss ja doch zu.«

»Dann wirst du schießen müssen«, sagte ich.

Immer noch starrte er unverwandt zu mir.

»Manni, bitte nicht.« Carmen flüsterte, ich hörte die Angst in ihrer Stimme.

Wieder nickte Manni leicht, aber noch ließ er die Waffe nicht sinken. Atze hielt Maria genau wie zuvor, sein Blick fuhr hektisch hin und her. Jetzt senkte Manni den Revolver, ganz langsam. Der Druck in der Situation schien etwas abzunehmen, doch genau in diesem Moment stieß Atze Maria in die Diele hinein. Sie taumelte gegen Manni. Atze riss seine Halbautomatik hoch und schoss auf Jacques. Ich feuerte sofort und traf Atze in die linke Schulter. Er fuhr schreiend herum und drückte erneut ab. Seine Kugel schlug Fetzen aus dem hölzernen Rahmen der Kellertür. Ein Splitter riss mir die Schläfe auf. Jacques' Beretta bellte. Blut tropfte in mein Auge, undeutlich sah ich Atze rückwärts taumeln und stürzen. Ich versuchte, das Blut abzuwischen. Manni hatte sich Maria gepackt und hielt sie vor sich, er stand mit dem Rücken zur Wand und presste ihr die Pistole an die Schläfe.

»Hört auf mit dem Scheiß!«, brüllte er.

Jacques zielte wieder auf Mannis Kopf, aber ich sah, dass seine Waffe zitterte. Unter seinem Arm färbte sich die Jacke

141

rot. Mannis Atem ging schwer. Er sah zu Jacques, dann wieder zu mir. Atze lag regungslos auf dem Boden. Manni schob sein gewaltiges Kinn vor.

»Dein Kumpel ist verletzt«, sagte er.

»Deiner ist erledigt«, sagte ich.

Wir starrten uns an. Im Augenwinkel bemerkte ich, dass Jacques seine Waffe sinken ließ. Maria drehte den Kopf zu ihm.

»Jacques!«, rief sie.

Manni starrte mich weiter an. Ich drehte Carmen etwas nach links und hob die Kimber.

»Traust du dir den Schuss zu?«, fragte er.

»Ja«, sagte ich.

»Dann wirst du schießen müssen.«

»Nein!« Carmen versuchte, sich zu befreien. Ich zwang sie zurück, aber ich musste die Waffe wieder herunternehmen.

Jacques hielt sich am Türrahmen fest, schwankend. Langsam ging er in die Knie.

»Jacques!« Marias Stimme klang panisch, auch sie kämpfte gegen Mannis Griff, aber er ließ ihr keine Bewegungsmöglichkeit. Jacques kniete neben der Tür. Er rang um Atem.

Immer noch sah Manni mich unverwandt an.

»Ich kenn dich doch«, sagte er.

»Ja«, sagte ich.

»Woher?«

Ich sah, dass Jacques langsam und mit beiden Händen die Beretta wieder hob.

»Manni, Vorsicht!«, schrie Carmen.

Manni fuhr herum, doch Jacques' Schuss traf ihn in den Oberschenkel. Er schrie auf und knickte ein. Ich riss die Kimber hoch, aber Maria verdeckte ihn. Immer noch hielt er sie eisern fest. Wieder versuchte Carmen, sich zu befreien. Ich ließ sie los, um zielen zu können, doch sie fiel mir sofort

in den Arm. Ich schleuderte sie gegen die Wand. Manni stieß
Maria weg und schoss. Seine Kugel streifte meinen linken
Oberarm. Ich feuerte instinktiv. Mitten auf seinem Brustkorb
erschien ein großer roter Fleck. Er blieb stehen und sah mich
erstaunt an. Aus seinem Mund rann ein rosa Faden auf sein
Kinn und tropfte von dort auf den Boden. Langsam wankte
er auf mich zu. Die Waffe glitt aus seiner Hand, sein Blick
hing an meinem, überrascht, verständnislos.

»Tom?« Mühsam hob er die Arme und packte meine
Schultern. »Bist *du* das, Tom?«

»Ja«, sagte ich.

»Du lebst?« Langsam sank er zu Boden, seine großen
Hände rutschten an meinen Armen hinunter.

Er war tot.

Ich starrte auf ihn hinab, heftig atmend, mein Verstand
betäubt. Blut lief in mein Auge. Durch den roten Nebel sah
ich Carmen neben Onkel Manni knien und nach seinem Puls
tasten. Sie weinte. Irgendetwas regte sich am Rande meines
Gesichtsfeldes. Ohne es richtig zu verstehen, sah ich, dass Atze
sich bewegte. Er hatte seine Waffe noch einmal gehoben und
zielte zitternd auf Jacques. Meine Instinkte wehrten sich verzweifelt gegen die Lähmung in meinem Gehirn. Wie in Trance
hob ich meine Pistole, doch bevor ich schießen konnte, wurde
Atzes Kopf zurückgeschleudert. Dort, wo vorher sein linkes
Auge gewesen war, klaffte eine dunkelrote Höhle. Sein Mund
war verzerrt, als lache er hysterisch, doch er lag bewegungslos da. Unter seinem Kopf bildete sich ein Blutfleck auf dem
Teppich. Was für ein seltsames Muster, dachte ich. Ich sah zu
Jacques, er lag auf dem Boden. Maria kniete hinter ihm, seinen
Kopf auf ihrem Schoß. Ihre Hand hielt die Beretta. Sie zitterte.

»Tim, hilf ihm doch.«

Wieder musste ich das Blut aus dem Auge wischen. Ich

sah ihn heftig um Atem kämpfen. Vorsichtig ging ich neben ihm auf die Knie.

»Mein Freund«, sagte ich, »was ist los?«

Er öffnete die Augen. »Geht schon.« Seine Lippen waren bläulich verfärbt, er verzog sie zu einem Grinsen.

Maria streichelte über seine Stirn. Sie schüttelte den Kopf.

»Sieh auf die Straße«, sagte Jacques.

Ich atmete tief durch, dann stand ich wieder auf und ging in die Küche. Meine Glieder waren schwer. Vorsichtig schob ich den Vorhang zur Seite und sah hinaus. Gegenüber standen zwei ältliche Nachbarinnen in Schürzen vor ihren Häusern und sahen herüber. Die eine hielt die Hand vor den Mund, die andere redete auf sie ein. Schließlich marschierte sie entschlossen auf eine der Haustüren zu. Ich ging zurück in die Diele.

»Wir müssen weg«, sagte ich. »Sofort.«

»Was? Jacques ist verletzt.« Maria sah mich verzweifelt an.

»Es wird schon gehen«, sagte Jacques.

»Ihr bringt ihn ins Auto, ich hole unsere Sachen.«

»*Ihr?* Meinen Sie etwa mich?« Carmen sah mich hasserfüllt an. Immer noch kniete sie neben Mannis Leiche.

»Ja, Frau Berger, ich meine Sie.«

»Das werde ich nicht tun. Nichts werde ich für Sie tun, Sie verdammter Mörder.«

Während ich auf sie zuging, zog ich die Pistole. Ich griff in ihre Haare und zerrte sie hoch, nah an mein Gesicht, dann drückte ich die Waffe auf ihr Auge.

»Du tust, was ich dir sage«, flüsterte ich, »hast du verstanden?«

Ihr Atem ging stoßweise. »Ja«, sagte sie.

»Du bist Ärztin. Ich mache dich für seinen Zustand verantwortlich. Wenn er stirbt, bist du tot.«

»Ich habe keine Instrumente, nichts.«

»Wir haben einen großen Verbandskasten.« Ich ließ sie los. »Wir haben es sehr eilig. Bringen Sie ihn ins Auto.«

Sie nickte.

Maria sah mich an. Sie kämpfte mit den Tränen.

»Tut mir leid, Maria«, sagte ich, »meine Katze ist gestorben.«

***

Als ich gerade in die Sebastianstraße eingebogen war, sah ich im Rückspiegel das Blaulicht des ersten Polizeiwagens. Ich tastete nach der Pistole auf meinem Schoß, aber der Wagen bog in die Straße zu Marias Haus ab.

»Wo fahren wir hin?«, fragte Maria. Sie saß auf dem Beifahrersitz, noch immer in dem Mantel, den sie zum Einkaufen getragen hatte. Carmen kümmerte sich hinten um Jacques. Ich schaltete das Radio ein und stellte es auf Polizeifunk.

»Arnold an alle, Arnold an alle mit einer Fahndung: Nach der Schießerei in Niehl flüchtig: große dunkelbraune Limousine, Siegfried Toni Trennung Dora Dora eins fünf sieben, genauer Typ ist nicht bekannt, wahrscheinlich BMW oder so was. Drei oder vier Insassen, höchstwahrscheinlich bewaffnet, also noch mal Hinweis auf Eigensicherung … Fluchtrichtung nicht bekannt, aber der Melder ist noch am Draht, die müssen noch ganz in der Nähe sein.«

»Wir müssen den Wagen loswerden.« Ich fuhr in Richtung der Ford-Werke. An der nächsten Kreuzung kam uns ein weiterer Streifenwagen entgegen. Als er uns passiert hatte, bremste er voll und wendete. Ich bog bei Rot ab und gab Gas.

»Arnold für Arnold 1712! Gesuchtes Fahrzeug gesichtet auf der Bremerhavener, Richtung Niehler Ei. Er hat uns gesehen, wir bleiben dran! Ist ein Audi A8.«

Ich kam bei Grün über die nächste Ampel. Der Acht-zylinder gab sein Bestes: Am Kreisverkehr hatte ich schon hundertfünfzig Meter Vorsprung.

»Arnold für Arnold 1712! Der ist zu schnell, wir brauchen Unterstützung.«

Ich fädelte mich ein und fuhr an der ersten Ausfahrt vorbei. Jetzt verbarg uns das hohe Grün auf der Mitte des Kreisels. Ich ging vom Gas und fuhr um den gesamten Kreis herum. Vor der Bremerhavener Straße zwängte ich mich zwischen zwei Sattelschlepper und bog in die Richtung ab, aus der wir gekommen waren.

»Arnold für Arnold 1712. Wir haben ihn am Niehler Ei verloren. Wir fahren jetzt Militärring Richtung Longerich, der scheint aber auf die Industriestraße abgebogen zu sein.«

Ich bog links ab und fuhr durch das Industriegebiet. Nach drei Minuten standen wir auf dem Parkplatz neben Carmens Mercedes. Ich stieg aus und sah mich um. Es waren nur we-nige Menschen in Sichtweite, niemand war in der Nähe.

»Helft ihm raus«, sagte ich. Ich behielt weiter die Umge-bung im Auge. Jacques stöhnte auf, als er versuchte, aus dem Wagen zu steigen. Carmen stützte ihn, als er endlich aus dem Wagen war. Sein totenbleiches Gesicht mit den blauen Lippen war gespenstisch.

»Wie haben die beiden uns gefunden?«, fragte er flüsternd, als er vor mir stand.

»Der Mann am Telefon muss es ihnen gesteckt haben.«

»Wer ist das, zum Teufel?«

Ich zuckte die Schultern. »Steig ein.«

Während Carmen ihm auf die Rückbank des Mercedes half, ging ich zum Kofferraum, um den Scanner zu holen. Auf dem Polizeifunk war die Hölle los, man hatte die beiden Toten gefunden.

»Hören Sie!« Carmen kam zu mir nach hinten. »Es ist ein Ventilpneumothorax. Ich muss sofort seinen Brustkorb punktieren, sonst hat er keine Chance. Und dann muss die Blutung gestillt werden.«

»Was brauchen Sie?«, fragte ich.

»Einen Kugelschreiber und Ihr Messer. Und vor allem Ruhe.«

»Ruhe ist im Moment schwierig.«

»Lassen Sie sich was einfallen.«

»Hält er eine Dreiviertelstunde Fahrt durch?«

»Er hat keine fünf Minuten mehr, schätze ich.«

Ich sah mich um. Der Parkplatz war voller Autos, aber im Moment war niemand zu sehen. »Wie lange brauchen Sie?«

»Nicht lange.«

»Gut.« Ich zog meinen Parker-Kuli aus der Brusttasche. »Können Sie hiermit was anfangen?«

Sie nahm ihn und schraubte ihn auseinander. »Ja«, sagte sie. Ich reichte ihr das Springmesser. »Machen Sie schnell. Und rechnen Sie damit, dass wir plötzlich wegmüssen.«

Sie nickte unwillig. Während sie Jacques mit Marias Unterstützung versorgte, beobachtete ich den Parkplatz. Jacques lag auf der Rückbank, und Carmen stand vor der geöffneten Tür an der Fahrerseite. Der Verbandskasten stand im Fußraum. Maria hockte neben Jacques auf der vordersten Kante der Rückbank. Carmen schnitt seine Sachen auf und warf den blutgetränkten Stoff auf den Asphalt.

»Lassen Sie das«, sagte ich.

»Wie bitte?« Sie drehte sich unwirsch um.

»Das ist zu auffällig.« Ich bückte mich und klaubte die Fetzen auf.

Kommentarlos wandte sie sich wieder Jacques zu. Ich ging zum Kofferraum des Audi, um den Pistolenkoffer, den

Koffer mit den Funkgeräten und den Laptop in den Mercedes umzuladen. Außer dem Inhalt von Marias kleinem Safe war das alles, was ich hatte mitnehmen können, zu mehr war keine Zeit geblieben.

Ein Mann trat aus dem Werkstor und kam direkt auf uns zu; in etwa einer halben Minute würde er uns erreicht haben.

»Achtung«, sagte ich.

»Was ist?«, fragte sie.

»Wir müssen unterbrechen, steigen Sie ein.«

»Das geht jetzt nicht.«

»Tun Sie, was ich Ihnen sage!«

»*Nein.*«

Ich konnte nicht erkennen, was sie gerade machte.

»Es geht wirklich nicht, Timothy«, sagte Maria.

Der Mann war nur noch zwanzig Meter entfernt. Ich drängte mich neben Carmen, um mein blutverschmiertes Gesicht und die Wunde an meinem Arm zu verbergen.

»Passen Sie doch auf«, zischte sie.

Der Mann ging vorbei. Er drehte nicht einmal den Kopf. Ich sah auf Jacques, der mit schmerzverzerrtem Gesicht auf der Rückbank lag. Er blutete viel stärker, als ich befürchtet hatte. Maria drückte eine Tamponade auf die Wunde.

»Gehen Sie aus dem Weg!«, fauchte Carmen.

Ich zog mich zurück und beobachtete weiter den Parkplatz, er war jetzt wieder unbelebt. Die Wunde an meinem Arm pochte. Ich zog das Handy aus der Tasche und wählte Alex' Nummer. Er meldete sich sofort.

»Ich bin's«, sagte ich nur.

»Was gibt's?« Seine Stimme klang alarmiert, ein Anruf vom Einsatzhandy konnte keine gute Nachricht bringen.

»Joachims Auto ist kaputt«, sagte ich.

»Scheiße«, sagte Alex. »Wie kaputt?«

»Ziemlich. Schnapp dir einen Mechaniker und komm nach 2-7. Sofort. Weißt du, wo das ist?«

»Ich war noch nie da.«

»Nimm den Ford, da ist es im Navigationssystem einprogrammiert. Du fährst etwa drei Stunden, wenn du Gas gibst.«

»Was ist mit der Schwester?«

»Die sucht bisher vergeblich nach uns. Es gibt aber eine Tante, die weiß, wo wir sind.«

»Kennen wir die?«

»Nein, wir wissen auch nicht, was sie vorhat. Sei vorsichtig.«

»Scheiße. Welchen Mechaniker? Claude?«

»Ja. Er soll das komplette Werkzeug mitbringen. Und das Motoröl, das er für Joachim gelagert hat. Das Auto hat sehr viel verloren. Verstehst du, was ich meine?«

»Ich fürchte schon.«

»Ich habe einen Mechaniker hier, aber ich traue ihm nicht richtig. Er wird das kaum allein schaffen. Claude soll dir im Citroën folgen, wir brauchen noch einen Wagen.«

»Alles klar.«

»Wir sind in etwa einer Stunde dort. Beeil dich.« Ich legte auf, ging wieder zum Kofferraum des Audi und nahm einen Satz belgischer Nummernschilder heraus. Immer wieder blickte ich mich um, aber nach wie vor war niemand in der Nähe. Ich tauschte die Nummernschilder aus, es würde eine Weile dauern, bis der Wagen hier auffiele. Vielleicht konnte Alex ihn sogar später abholen. Ich ging zurück zum Mercedes.

»Wie weit sind Sie?«, fragte ich.

Sie drehte sich zu mir und reichte mir das Messer. »Wir sind fertig.«

Ich sprach leise weiter, um zu vermeiden, dass Maria mithörte. »Wie sieht es aus?«, fragte ich.

»Ernst. Ich weiß nicht, ob er durchkommt. Ich habe keinerlei Erfahrung mit Schusswunden. Auf jeden Fall muss so schnell wie möglich die Kugel raus. Er muss in ein Krankenhaus.«

»Geht nicht. Wird er die Fahrt durchstehen?«

Sie zuckte die Schultern. »Ich denke schon, aber hilfreich ist es natürlich nicht. Er bräuchte eigentlich ein Schmerzmittel. Aber er scheint ja ein zäher Bursche zu sein.«

»Oh ja«, sagte ich.

»Was ist eigentlich mit *Ihnen*?«, fragte sie.

»Nur ein paar Kratzer.« Ich tastete nach meiner Schläfe, die Blutung hatte aufgehört. Carmen griff nach meinem Oberarm.

»Was ist *da*mit?«

»Da kümmern wir uns später drum«, sagte ich.

»Lassen Sie mich Ihnen wenigstens das Blut aus dem Gesicht wischen. Wenn ein Polizist Sie so sieht, wird er sofort das Feuer eröffnen.«

Ich grinste schwach. Sie nahm ein Papiertuch und säuberte meine Wange.

»So ist es besser.«

»Danke«, sagte ich und schlug ihr mit der Handkante hinters Ohr auf die Halsschlagader. Sie knickte zusammen, ich fing sie auf und lehnte sie an den Wagen. Aus dem Verbandskasten nahm ich ein paar Mullbinden und fesselte ihr Füße und Hände, dann verband ich ihr die Augen und bugsierte ihren schlaffen Körper in den hinteren Fußraum. Jacques lag mit geschlossenen Augen auf der Rückbank. Seitlich aus dem Verband um seine Brust ragte die Kulihülse, an deren Ende der abgeschnittene Finger eines Gummihandschuhs ein provisorisches Ventil bildete. Ich reichte Maria den Verbandskasten und stieg ein.

150

»Warum hast du das getan?«, fragte sie.

»An der nächsten Ampel wäre sie uns aus dem Wagen gesprungen. Könnte sein, dass wir sie noch brauchen.« Maria war unruhig, immer wieder blickte sie nach hinten zu Jacques. Ich startete den Wagen und fuhr los. In diesem Moment bog vor uns ein Polizeiauto von der Geestemünder Straße auf den Parkplatz.

»Das war knapp«, sagte ich.

Der Streifenwagen rollte langsam an den geparkten Autos entlang. Die Polizisten beachteten uns nicht, als wir an ihnen vorbeifuhren, sie sahen auf die geparkten Wagen. An der Ausfahrt blieb ich stehen und beobachtete das Geschehen im Rückspiegel. Der Polizeiwagen hielt neben dem Audi. Einer der Beamten stieg aus.

Carmen stöhnte und begann, sich zu bewegen. »Was ist los? Was soll das?«, fragte sie.

Der Polizist warf einen langen Blick ins Wageninnere.

»Bleiben Sie ruhig liegen, entspannen Sie sich. Es geschieht Ihnen nichts weiter«, sagte ich zu Carmen.

Der Polizist fasste auf die Motorhaube und nickte: Sie war noch warm. Der zweite Polizist stieg auch aus.

»Verdammter Mist.« Ich bog ab und fuhr auf die Schnellstraße in Richtung Autobahn.

Maria sah sich zu Carmen um. »Wird es gehen?«, fragte sie.

Carmen stöhnte wieder. »Mein Kopf!«

»Das gibt sich«, sagte ich.

Mit quietschenden Reifen fuhr ich den Bogen zur A 1 hinunter. Die Autobahn war voll, der dichte Verkehr machte mir Sorgen. Ich sah mir das Navigationssystem an, das Modell kannte ich nicht.

»Weiß Ihr Navigator, wo Stau ist?«, fragte ich nach hinten.

»Angeblich schon. Ich hab es noch nie ausprobiert.« Ihre Stimme klang schwach. »Wo wollen Sie denn hin?«

»Wenn ich Ihnen das sagen wollte, hätte ich Ihnen die Augen nicht verbunden.«

Das Handy klingelte. »Anonym«, stand auf dem Display. Natürlich. Mein Herz schlug im Hals, als ich das Gespräch annahm.

»Habt ihr sie erledigt, Timothy?«, fragte die Stimme.

»Ja«, sagte ich heiser. »Aber es war knapp.«

Er lachte leise, genau wie vorhin. »Wenn's ein leichter Auftrag wäre, hätte ich ja jemand Billigeren nehmen können.«

»Von Manni war nie die Rede!« Meine Stimme zitterte vor Wut.

»Natürlich nicht, sonst hättest du den Job doch gar nicht angenommen.«

Ich rang um Fassung. Ich wusste, ich würde den Mann töten, wenn ich seiner habhaft würde. »Mein Partner ist schwer verletzt«, sagte ich scharf.

»Tss, tss, tss … wo gehobelt wird … Ich denke, ihr seid Profis, da muss man so ein Risiko tragen, oder? Außerdem habt ihr doch eine Ärztin dabei.«

»Was willst du von mir?«

»Dass du den Job zu Ende bringst, Timothy, sonst nichts. Du hörst von mir.« Er legte auf.

»Scheiße!«, brüllte ich und schlug auf das Lenkrad. »Scheiße Scheiße Scheiße!«

Maria blickte mich von der Seite an. »Timothy«, sagte sie leise, »*bitte.*«

Ich zog die Nase hoch. »Tut mir leid«, sagte ich.

Jacques murmelte etwas, aber ich konnte ihn nicht verstehen.

»Was sagt er?«, fragte ich Maria.

Sie beugte sich zwischen den Sitzen nach hinten und streichelte Jacques mit ihrer Rechten. Wieder flüsterte er etwas.

»Er fragt nach dem Anruf«, sagte sie.

»Er hat sie uns ins Haus geschickt, damit wir sie erledigen«, sagte ich laut. »Dieses Schwein. Er spielt mit uns. Er will, dass ich den Auftrag zu Ende bringe.«

Jacques hustete schwach und anhaltend. Ich drehte mich um, sein Gesicht konnte ich nicht sehen, nur seine vom Husten geschüttelte Brust.

»Sie dürfen ihn nicht aufregen«, sagte Carmen.

»Natürlich. Tut mir leid.« Ich blickte auf die Uhr: zehn vor elf. Der Verkehr beschleunigte und bremste in undurchschaubarem Rhythmus. Es fiel mir schwer, Ruhe zu bewahren. Ich schaltete das Navigationssystem ein und versuchte, es zu programmieren, aber ich kam mit der Menüführung nicht klar.

»Vorsicht!«, rief Maria plötzlich.

Ein Sattelschlepper stand vor uns auf unserer Fahrspur. Ich bremste hart und lenkte auf den Standstreifen. Jacques stöhnte auf, Maria drehte sich zu ihm um. Vor dem Lkw hatten sich die Wagen bereits wieder in Bewegung gesetzt. Ich überholte auf dem Standstreifen, was der Fahrer mit einem dröhnenden Hupton quittierte.

»Scheißteil!« Ich schaltete das Navigationsgerät wieder aus.

»Timothy, bitte beruhige dich«, sagte Maria leise.

»Ja«, sagte ich und fädelte mich auf die linke Spur. Konzentriert atmete ich ein und aus, während ich mit dem Verkehr schwamm. Wir saßen schweigend nebeneinander. Marias Sorge um Jacques konnte ich geradezu körperlich wahrnehmen – sie verband sich mit meiner. Der alte Mann war meine Familie.

Nicht sorgen, handeln. Nicht sorgen, handeln. Ich betete es wie ein Mantra. Im Wagen war es ruhig, der Motor lief tieftourig, kaum zu hören. Meine Gedanken begannen zu schweifen. Ich glitt in Erinnerungen an gemeinsame Erlebnisse mit Jacques und Maria, es waren viele. Auch ich hatte einmal mit einem Steckschuss auf einer Rückbank gelegen, unbequemer als Jacques jetzt. Es war ein offener, alter Armeejeep gewesen, auf einer Schotterstraße im Süden Spaniens, nördlich von Córdoba, in der Sierra Morena. Ich sah Jacques' Gesicht vor mir, wie er sich ständig zu mir umdrehte und dabei versuchte, den Wagen schnell und gleichzeitig möglichst schonend über die wellige Piste zu chauffieren. Es war mein Fehler gewesen, und er hatte mich rausgehauen, damals. Heute war ich dran.

Geradezu gewaltsam riss ich mich aus meinen Gedanken. Ich musste konzentriert bleiben. Aus dem Ventil an der Kulihülse in Jacques' Seite drang das sirrende Geräusch entweichender Luft. Sein Atem ging schwer. Ein Wagen der Autobahnpolizei tauchte im Rückspiegel auf. Ich wechselte auf die rechte Spur, und er überholte, ohne Notiz von uns zu nehmen.

Wir hatten Glück, ohne größere Staus erreichten wir das Ende der A 1, auch auf der Landstraße lief der Verkehr flüssig. Kurz vor einem Dorf namens Wiesbaum verließ ich die Hauptroute. Hier, auf den kleinen Eifelstraßen, waren wir fast allein. Es war elf Uhr fünfundvierzig, als ich in einen Waldweg einbog. Nach zweihundert Metern hielt ich an der Einfahrt zu einem hölzernen Wochenendhaus. Es war das erste in einer kurzen Reihe von drei kleinen Häusern, die alle nur selten genutzt wurden.

»Bleib im Wagen«, sagte ich zu Maria und stieg aus. Es war still. Die Waldluft war feucht und schwer, sie duftete. Ich öffnete das Holztor und sah mich nach Spuren ungebetener Besucher um. Obwohl nichts zu entdecken war, zog ich meine Waffe, bevor ich die Tür aufschloss. Doch das Haus

154

war leer, alles war unberührt. Ich ging wieder hinaus und fuhr den Wagen in die Einfahrt. Maria stieg aus und öffnete die hintere Wagentür.

»Jacques, wie fühlst du dich?«, hörte ich sie fragen, während ich die Heckklappe öffnete. Aus dem Pistolenkoffer nahm ich Jacques' Beretta, die ich Maria gab, nachdem ich das Magazin überprüft hatte. Sie sah mich zweifelnd an. »Du musst mir helfen, auf Carmen aufzupassen«, sagte ich. »Du hast ja bewiesen, dass du damit umgehen kannst.« Sie steckte die Waffe in ihre Manteltasche, ihr Gesicht blieb unbewegt. Jacques war bleich. Er schien zu schlafen, sein Atem ging flach. Maria streichelte sanft über sein Haar. Ich nahm mein Springmesser heraus und schnitt Carmens Fesseln auf, dann half ich ihr aus dem Wagen. Sie zog sich die Binde von den Augen und sah sich sofort um.

»Untersuchen Sie ihn«, sagte ich.

Sie massierte die Stelle, an der mein Schlag sie getroffen hatte, und sah mich schweigend an. Ich suchte nach den goldgrünen Punkten in ihren Augen, doch hier, im Schatten der Bäume, waren ihre Augen von funkelndem Schwarz. Schließlich nickte sie und trat zu Jacques.

»Ich hab ja nicht mal ein Stethoskop.« Sie fühlte ihm den Puls und klopfte seinen Brustkorb ab. Kopfschüttelnd untersuchte sie dann den Verband.

»Können Sie die Kugel entfernen?«, fragte ich.

»Das ist nicht ratsam nach dem starken Blutverlust. Wenn ich wenigstens Infusionslösung hätte …«

»Kommen Sie mit«, sagte ich. »Bleib du bei Jacques, Maria. Halt die Augen offen.«

Carmen ging neben mir her zum Haus.

»In etwa zwei Stunden ist ein Chirurg hier. Können wir so lange warten?«, fragte ich.

»Wir werden müssen.«

Die Eingangstür führte in den Hauptraum. Links war eine kleine Küchenzeile, dahinter der Wohnraum mit einem Esstisch, einer Sitzecke und einem Kamin. Rechts waren die Türen zu zwei kleinen Schlafräumen und dem Bad. Ich knipste die Deckenlampe an.

2-7 war »notfalltauglich«, wie Jacques es nannte. Es lag versteckt, aber nicht so einsam, dass ein Spaziergänger oder Förster stutzig würde, wenn ein Wagen davor stand; und man konnte aus dem Auto ungesehen ins Haus. Offiziell gehörte es Thomas Conzen. Ich nutzte es manchmal als Übernachtungsmöglichkeit oder tatsächlich einfach als Wochenendhaus. Dies war der erste echte Notfall, den wir hier zu bewältigen hatten. Ich zeigte auf den Esstisch.

»Den kann man ausziehen und hochdrehen. Da können wir ihn drauflegen.«

Ich winkte Carmen hinter mir her in das hintere Schlafzimmer. Hier lagerte die medizinische Ausrüstung: An der Wand stand ein Medikamentenschrank, darauf ein Notarztkoffer. Es gab eine schattenlose Lampe und einen Rollständer für Infusionsflaschen. In der Ecke lehnte, zusammengerollt, eine weiche Gummiauflage für den Tisch im Wohnzimmer. Auf dem Boden lag eine Armeetrage.

»Reicht das?«

Sie sah in den Schrank und nahm einen Infusionsbeutel heraus. Nachdem sie das Etikett studiert hatte, öffnete sie den Koffer und warf einen Blick auf die steril verpackten Instrumente, Spritzen und Ampullen.

»Das hilft uns erst mal. Sie scheinen ja auf alles vorbereitet zu sein.«

»Wir versuchen unser Bestes«, sagte ich, »aber manchmal ist das nicht genug.«

»Sie haben die Kontrolle verloren, nicht wahr?« Sie klappte den Koffer zu und nahm ihn auf.

»Man hat nie alles unter Kontrolle. Kontrolle ist eine Illusion.« Ich nahm die Gummimatte und ging aus dem Zimmer. Sie folgte mir.

»Wieso gehen Sie so ein Risiko ein?«, fragte sie.

»Es ist mein Job.«

»Scheint mir ein ziemlicher Scheißjob zu sein.«

»Manchmal schon.« Ich legte die Matte auf den Tisch und drehte ihn hoch, dann ging ich zurück zur Tür des Schlafzimmers. »Kommen Sie bitte nicht auf dumme Gedanken. Maria ist bewaffnet«, sagte ich.

»Schon gut. Schließlich habe ich einen Patienten hier.«

»Freut mich, dass Sie das so sehen.« Ich ging in das Zimmer, um die Trage herauszuholen.

»Wenn es so ein Scheißjob ist, warum machen Sie ihn dann?«, fragte sie, als ich wiederkam.

»Weil es das ist, was ich am besten kann. Kommen Sie.« Wir gingen hinaus. Neben dem Wagen rollte ich die Trage auseinander und legte sie auf den Boden.

Maria stand nach wie vor neben Jacques und streichelte seinen Kopf.

»Ist er wach?«, fragte ich.

Sie nickte und trat beiseite.

»Na, alter Mann«, sagte ich. »Jetzt wird's noch mal anstrengend.«

Er grinste verzerrt. »Dacht ich mir.«

Carmen tastete an seinem Hals nach dem Puls. »Wir können ihn jetzt nicht bewegen«, sagte sie. »Der Puls ist kaum noch zu fühlen. Er hat einen Schock durch den Blutverlust. Ich werde ihm erst die Infusion geben.«

Ich sah Jacques an.

»Wir wissen nicht, was der Mann vorhat«, flüsterte er mühsam. »Vielleicht brauchst du plötzlich den Wagen.«

Ich kaute auf der Unterlippe.

»*Ich* verantworte das nicht.« Carmen sah mich nicht an, ihre Stimme klang bemüht gleichgültig.

»Nun macht schon!« Jacques nickte mir leicht zu.

»Er hat recht«, sagte ich. »Bringen wir ihn rein.«

»Sie müssen es ja wissen«, sagte Carmen unwillig. »Also, auf Ihre Verantwortung. Wir müssen sehr vorsichtig sein. Die Kugel darf sich nicht verlagern. Maria, Sie halten seinen Kopf. Tom oder Tim oder wie Sie heißen, Sie steigen in den Wagen. Fassen Sie vorsichtig unter ihn und schieben Sie ihn heraus, ich übernehme den Brustbereich. Wenn sein Gesäß auf dem Rand des Sitzes liegt, steigen Sie aus und übernehmen meinen Part. Ich nehme dann die Beine.«

»Gut.« Ich stieg in den Wagen und zwängte mich in den Fußraum. Carmen gab die Kommandos. Nach wenigen Sekunden hatten wir ihn aus dem Wagen und legten ihn vorsichtig auf die Trage.

»Sie können mir assistieren«, sagte Carmen zu mir, als Jacques auf dem Tisch lag.

»Das mache ich«, sagte Maria. Die beiden Frauen sahen sich in die Augen. Carmen schien ein wenig zu lächeln.

»Holen Sie den Ständer und die Lampe von nebenan, Timtom, und stellen Sie sie neben den Tisch. Maria, Hände waschen.«

Die beiden verschwanden im Bad.

»Und der willst du mich ausliefern?«, flüsterte Jacques, als ich den Ständer neben ihn schob.

Ich versuchte ein Lächeln. »Ein hartes Huhn, was?«

Er wollte lachen, aber es wurde ein verkrampftes Husten. »Keine Scherze«, sagte er, als er wieder Luft bekam.

»Alex und Claude sind unterwegs. Bis dahin wird Maria auf dich aufpassen.«

»Das ist gut … das ist sehr gut.« Er schloss die Augen, sein Atem ging flach.

***

Vor der Tür war eine kleine Veranda mit hölzernen Gartenmöbeln. Ich saß mit nacktem Oberkörper dort und verarztete den Streifschuss. Die Wunde war halb so wild, aber sie hatte anfangs stark geblutet, der ganze Arm war rot. Ich behandelte die Wunde mit Jod aus dem Verbandskasten und klebte ein großes Pflaster darauf. Fröstelnd saß ich auf der Holzbank, aber ich wollte mein blutiges T-Shirt nicht wieder anziehen. Der Sekundenzeiger meiner Armbanduhr kroch vom kleinen zum großen Zeiger. Es war zwanzig vor eins, als Carmen aus dem Haus trat. Sie blies die Backen auf und nickte mir zu, dann setzte sie sich neben mich auf die Bank.

»Ist er okay?«, fragte ich.

»Er hat zu viel Blut verloren. Nach der Infusion ist sein Kreislauf aber erst mal stabil. Ich hoffe nur, dass die Analgetika in Ihrem Vorrat ausreichen.«

Ich sah auf die Uhr. »Claude müsste in etwa einer Stunde da sein. Er bringt alles mit. Auch Blutkonserven.«

Sie zuckte die Schultern. »Wir werden sehen. Im Moment kann ich nichts mehr für Ihren Freund tun. Maria hat übrigens einen tollen Job gemacht. Sie hat gute Nerven.«

»Ich weiß.«

Sie wies auf die Narbe an meiner linken Seite. »War das auch eine Kugel?«

»Ja.« Ich strich mit der Hand darüber.

»Da hat mein Kollege aber keine gute Arbeit abgeliefert.«

»Nein, es ist keine schöne Narbe. Aber sie erinnert mich.«

»Woran?«

»An einen Fehler. Meinen größten bisher. Man hat meistens einen Fehler gemacht, wenn man getroffen wird.«

»Und welchen Fehler hat Jacques gemacht?«

»Einen strategischen, würde ich sagen.«

Jacques' Fehler war, in einen Kampf zu gehen, der nicht seiner war. Ein Kampf gegen ein Gespenst.

»Was ist mit Ihrem Arm?« Sie zeigte auf das Pflaster.

»Schon erledigt«, sagte ich.

»Gut.« Sie drehte meinen Kopf zu sich herum und sah sich die Wunde an meiner Schläfe an. »Da stecken noch Splitter drin«, sagte sie. »Kommen Sie mit rein.«

Ich folgte ihr ins Haus, meine Sachen über die Schulter geworfen. Maria saß neben dem Tisch und hielt Jacques' Hand. Als ich ihr übers Haar strich, lächelte sie mich traurig an. Sie sagte nichts. Jacques war bleich wie der Tod, doch er atmete gleichmäßig.

Carmen drehte die Lampe zu mir, und ich beugte mich etwas zu ihr. Sie zog mit einer Pinzette die Holzsplitter heraus, dann reinigte sie die Wunde und klebte ein Pflaster drauf.

»Danke«, sagte ich.

Sie sah mich eisig an. »Diesmal kein Schlag?«

»Nein. Tut mir leid mit vorhin, aber es ging nicht anders.« Ich ging ins Bad, um mir das Blut abzuwaschen, und holte mir aus dem Schrank im Schlafzimmer ein Sweatshirt und eine Lederjacke. Als ich den Wohnraum wieder betrat, saß Carmen auf dem Sofa.

»Lassen Sie uns wieder an die Luft gehen«, sagte ich.

Sie stand auf.

Ich holte zwei Gläser und eine Flasche Cognac aus dem Küchenschrank und folgte ihr auf die Veranda.

»Möchten Sie einen?«, fragte ich.

Sie nickte nur. Ich goss uns ein.

»Normalerweise trinke ich nicht um diese Zeit«, sagte ich.

»Ich auch nicht.« Sie nahm mir das Glas aus der Hand und trank daraus, ohne ein Anstoßen anzudeuten. Sie blickte geradeaus. Eine Elster keckerte in den Bäumen über uns. Ich stellte die Flasche auf den Tisch und roch an dem Glas in meiner Hand. Der Duft des Branntweins stieg mir in die Stirn.

»Ich mag die Eifel«, sagte sie.

»Wie kommen Sie darauf, dass wir in der Eifel sind?«

»Die Vegetation, die flachen Berge ... Außerdem kann ich es riechen. Die Eifel riecht anders als der Westerwald oder das Bergische. Ich konnte übrigens auch riechen, dass wir in Niehl waren. Niehl stinkt – manchmal. Zuerst war ich mir nicht sicher, woher ich den Geruch kannte, aber als ich den Rheindampfer hörte, fiel es mir wieder ein. Allzu viele Häuser mit einem Chianti aus San Donato im Keller wird es in Alt-Niehl nicht geben. Irgendwann hätte man es gefunden. Und irgendwann wird man auch dieses Haus hier finden.«

Sie nahm einen großen Schluck. Ich schloss die Augen. Eine bleierne Müdigkeit legte sich auf meine Lider. Wieder keckerte die Elster, eine andere antwortete aus einiger Entfernung.

»Sie haben meinen Onkel umgebracht«, hörte ich Carmen sagen. Ihre Stimme klang tonlos. Ein weicher Wind strich über meine Wange. Ich wollte die Augen nicht öffnen. Langsam hob ich mein Glas und spürte dem Duft daraus nach, der sich mit den Gerüchen des Waldes mischte.

»Ich würde Sie töten, wenn ich es könnte«, sagte sie.

Ihre Gegenwart war körperlich fühlbar für mich, ich meinte, ein Zittern zu spüren. Ich öffnete die Augen. Sie saß starr neben mir, den Blick auf mich gerichtet, in ihrer Hand ein Skalpell. Ich sah es an, dann in ihre Augen. Wieder suchte ich nach den goldgrünen Punkten, doch sie waren noch immer im Schatten verschwunden. Unsere Blicke hielten sich gefangen. Ganz langsam hob ich die Hand und näherte meine Fingerspitzen ihrem Gesicht. Sie war schön.

»Wenn ich es könnte«, sagte sie.

Ich ließ die Hand wieder sinken. »Manni war auch mein Onkel«, sagte ich.

»Tom ... Er hat dich Tom genannt.« Sie sah mich an. »Du bist Tom Stricker.«

»Ja.« Ich schloss die Augen wieder. Sie sagte nichts. Ich wusste nicht, ob ihre Hand das Skalpell noch hielt. Ich wusste nicht, ob ich es wissen wollte. Tom Stricker lebte – gleich zweimal. Etwas flatterte. Zögernd hob ich die Lider ein wenig. Auf der Lehne des Gartenstuhles gegenüber saß eine Elster und musterte uns. Ich hob mein Glas und prostete ihr zu, sie schien mir zuzuzwinkern.

Unvermittelt schleuderte Carmen das Skalpell in Richtung des Vogels. Sie verfehlte ihn deutlich; er flog davon, schimpfend.

»Tu das nicht«, sagte ich.

»Ich hasse Elstern!« Ihre Stimme war voller hilfloser Wut. »Wirst du meinen Vater töten, Tom?«, fragte sie, ohne mich anzusehen.

Ich schloss die Augen wieder. »Ich weiß es nicht. Vielleicht wird er ja mich töten.«

»Töten ...«

Wir schwiegen. Das Erste, was ich sah, als ich meine Augen wieder öffnete, war eine Träne, die über ihre Wange lief.

»Warum hast du es nicht einfach getan, gerade?«, fragte ich.

Sie zog die Nase hoch und zuckte die Achseln. »Was wäre dann besser gewesen?«

»Ich könnte deinem Vater nichts mehr tun.«

»Ja, das wäre *deine* Lösung. Du tötest deine Feinde einfach. Schließlich ist es ja das, was du am besten kannst, nicht wahr?«

»Ja«, sagte ich.

»Wie kommt man zu so was?«

»Ich habe früh angefangen zu üben.«

»Wie viele Menschen hast du schon getötet, Tom?«, fragte sie nach einer Pause.

Ich antwortete nicht.

»Kannst du sie schon nicht mehr zählen?«

Manni war der siebenundzwanzigste gewesen, wenn ich Vater mitzählte. Ich zählte Vater immer mit. »Ich weiß es ganz genau«, sagte ich.

»Und?«

»Es spielt doch keine Rolle.«

Sie schwieg. Eine plötzliche Böe fegte Laub über die Veranda. Der Drang, meiner Müdigkeit einfach nachzugeben, wurde immer stärker. Ich atmete tief.

»Du wolltest die Elster töten«, sagte ich nach einer Weile.

»Das ist doch wohl kaum dasselbe!«

»Leider doch, manchmal.« Ich lächelte bitter.

»Was bist du bloß für ein Mensch.«

Die beiden Elstern waren immer noch in der Nähe zu hören. Von fern klang das monotone Tuckern eines Treckermotors durch den Wind.

»Warum hast du Tom Stricker sterben lassen?«, fragte Carmen.

»Er war böse«, sagte ich.

»Ha! Und jetzt bist du Timothy und nicht mehr böse?«

»Timothy ist nicht böse. Er ist nur ein Techniker.«

»Ein Techniker? Ein Tötungstechniker!«

»Wenn du so willst.«

»Und das ist nicht böse?«

»Nein. Es geht ja nicht darum, durch die Gegend zu rennen und wahllos Leute abzuknallen.«

»Hat Tom Stricker das getan – wahllos Leute abgeknallt?«

»So ähnlich«, sagte ich.

»Aber Timothy sucht sich die Leute vorher aus, und darum ist er nicht böse?« Ihre Augen funkelten wütend.

»Es wäre gewiss eine schönere Welt, wenn es diesen Beruf nicht mehr gäbe. Aber das gilt auch für einige hundert andere Berufe.«

»Wenn du es nicht machst, macht es ein anderer; ist es das, was du sagen willst?«

»Im Prinzip ja.«

»Mein Gott«, flüsterte sie, »in was für einer Welt lebst du nur?«

Ich sah sie an. »In derselben wie du«, sagte ich.

Sie schüttelte den Kopf. »In meiner Welt macht es etwas aus, wenn man einen Menschen tötet.«

»Mach dir nichts vor, Carmen. Es ist die Welt deines Vaters. Die Welt, in der er drei Männer erschossen hat, die ihn umbringen wollten. Er hat das große Spiel gespielt, und jetzt kommt eine Rechnung, die er wohl nicht mehr erwartet hat. Verwechsle nicht die Welt, in der du lebst, mit der, in der du gern leben würdest. *Dir* macht es vielleicht etwas aus zu töten, aber nicht deiner Welt.«

»Dir ist es jedenfalls völlig egal«, sagte sie.

»Egal ist es nie.« Ich trank mein Glas leer. »Und manchmal macht es sogar sehr viel aus«, setzte ich leise hinzu.

»Wie bei Manni?«

»Ja. Obwohl es Notwehr war, das weißt du.« Ich sah sie an und versuchte zu lächeln. »Ich denke, er würde es einen guten Tod nennen: im Gefecht. Er ist für dich in die Schlacht gezogen.«

Sie weinte, ohne die Tränen abzuwischen. »So sinnlos«, sagte sie.

»Wer weiß, was der Mann am Telefon ihm erzählt hat. Manni hat dich wahrscheinlich in großer Gefahr vermutet. Der Mann hat ihn ins offene Messer laufen lassen.«

»Und du warst die Klinge.«

»Ja.«

Sie wischte mit dem Ärmel ihrer Jacke über ihre Augen. »Wer ist dieser Mann?«

»Er ist unser gemeinsamer Feind, Carmen. Er will Timothy und deinen Vater aufeinanderhetzen – so, wie er es schon mit Timothy und Manni getan hat.«

»Du redest von Timothy, als sei er jemand anders; Tom Stricker ist tot – wer bist du eigentlich?« Sie sah mir in die Augen. Für einen kurzen Moment drang ein Sonnenstrahl durch das windbewegte Geäst und ließ die goldgrünen Punkte aufflackern.

»Ich weiß es nicht mehr«, sagte ich.

***

»Sprichst du Französisch?«, fragte ich, als die beiden Wagen in die Einfahrt rollten. »Claude kann nicht gut Deutsch.«

»Für ein Fachgespräch wird's nicht reichen.«

»Maria wird dolmetschen«, sagte ich.

Claude sprang aus dem Citroën, seinen Arztkoffer in der Hand. Ich zeigte auf die Tür. Wortlos und ohne Zögern lief er ins Haus. Carmen folgte ihm.

Claude war Jacques' ältester Freund, er hatte ihn schon damals in Indochina im Lazarett behandelt. Dass ich ihn nicht ohne Grund gerufen hatte, war ihm klar. Ich schätzte ihn auf Mitte siebzig; er war von der gleichen drahtigen Art wie

Jacques, doch sein Gesicht war viel zerfurchter – als hätte jedes Leben, das ihm auf dem Operationstisch verloren gegangen war, eine Spur hineingegraben.

»Pack mal mit an«, rief Alex vom Kofferraum des Citroëns her.

Ich lief zu ihm und half, eine große Alukiste ins Haus zu tragen. Alex trug in der freien Hand einen Kühlkoffer.

»Wie geht es ihm?«, fragte er.

»Schlecht. Er hat sich eine Kugel gefangen, in der Brust. Der Auftraggeber hat uns reingelegt. Wir müssen aufpassen, vielleicht versucht er es noch mal.«

Claude und Carmen standen neben dem Tisch und redeten leise. Wir stellten die Kiste daneben ab. Claude öffnete sie und nahm mehrere Einsätze mit medizinischen Instrumenten heraus. Darunter befanden sich einige Geräte, deren Sinn sich mir nicht erschloss. Maria sah wach und besorgt zu.

»*Vous allez m'aider, Maria?*«, fragte Claude.

»*Bien sûr*«, antwortete sie.

Er sah zu uns und wies mit dem Kopf in Richtung Tür. »*Messieurs, est-ce que vous pourriez quitter la chambre, s'il vous plaît?*«, sagte er. Ich nickte ihm zu. Wir gingen hinaus und setzten uns auf die Veranda.

»Hast du deinen Laptop dabei?«, fragte ich.

»Hast du deine Waffe dabei?«, fragte Alex und stand auf, um seine Gerätschaften aus dem Wagen zu holen. Als er den Kofferraum des Kombis öffnete, sprang Pernod heraus. Er kam sofort auf mich zugelaufen und leckte meine Hände. Ich schüttelte den Kopf.

»Musstest du ihn wirklich mitbringen?«, fragte ich, als Alex mit seinem Koffer wieder vor mir stand.

»Wo sollte ich ihn denn lassen? Ich kann doch nicht wissen, wie lange das hier dauert.«

Ich rieb mir die Augen. »Entschuldige, du hast natürlich recht.« Pernod drückte seinen Kopf zwischen meine Beine. »Du musst herausfinden, von welcher Nummer auf Thorsten Cornelius' Handy angerufen worden ist.«

»Wann?«, fragte er.

»Einmal gegen zehn und dann noch einmal gegen Viertel vor elf. Heute.«

Er schloss sein Handy an den Laptop an. Den Weg in das Rechnersystem des Netzbetreibers kannten wir, Alex hatte ihn vor einigen Monaten entdeckt, als wir einen Mann suchten, dem es gelungen war, der Aufsicht unserer Auftraggeber zu entkommen. Er hatte nicht die geringste Spur hinterlassen – und der Koffer mit den zwei Millionen, die ihm nicht gehörten, auch nicht. Der einzige Ansatz für unsere Suche war das Handy seiner Mutter gewesen. Nachdem Alex einige Nächte lang ergebnislos gegen die Sperren im Netz angerannt war, hatte er bei der Gebäudereinigungsfirma angeheuert, die die Zentrale der Telefonfirma säuberte. Er bezirzte die Vorarbeiterin und wurde prompt im Rechenzentrum eingesetzt. Ein Mitarbeiter der Nachtschicht hatte das Kennwort an seiner Pinnwand hängen. Alex hatte einen Instinkt für so was. Einmal drin, installierte er ein kleines Programm, das ihm die neuen Codewörter zugänglich machte. In der ersten Version wurden sie automatisch als SMS auf sein Handy geschickt. Das war eines der Probleme, die wir mit Alex hatten: seine Verspieltheit, die ihn manchmal die einfachsten Sicherheitsregeln vergessen ließ. Er hatte den Anschluss ausfindig gemacht, von dem aus der Mann seine Mutter anrief: eine Telefonzelle am Strand von Marbella. Der Rest war Fleißarbeit gewesen.

Alex war jung. So jung wie ich damals. Und wie ich beherrschte er seine Waffen. Andere als meine, nicht so tödlich, aber manchmal sogar vernichtender.

Er drückte die Enter-Taste. »Ich bin drin!«

Er war nicht ganz der typische Hacker, der seine Tage und Nächte in einem Zimmer mit runtergelassenen Jalousien verbrachte. Eher ein Beachboy, blond gelockt und braun gebrannt. Man sah ihm sein regelmäßiges Krafttraining an; er sah gut aus, und das wusste er. Er setzte seine Jugend und seinen Charme ohne Bedenken ein, wenn es ihm den kleinsten Vorteil brachte. Er war für uns unverzichtbar geworden. Jacques hielt große Stücke auf ihn. Er wollte ihn aufbauen. Ich traute ihm nicht. Er log zu gut.

»Sag mir doch mal eben die Nummer von dem Handy«, sagte er, ohne den Blick vom Display zu lösen. Ich diktierte sie ihm. Er gab sie ein und nickte. »Das dauert jetzt 'nen Moment.« Er zeigte auf die Cognacflasche. »Krieg ich auch einen?«

Ich schenkte einen doppelten in mein Glas und schob es ihm zu. Pernod legte sich vor mich hin, die Schnauze auf meinem Fuß, seine Lieblingsposition.

»Was ist das eigentlich für ein Engelchen, das Claude da hilft?«, fragte Alex, bevor er das Glas hob.

»Die Tochter von Berger.«

»Wie kommt denn die hierher? Ich dachte, Berger ist das Ziel.«

Ich sagte nichts dazu, und er ließ das Thema fallen. Alex wusste, dass er von uns immer nur die Informationen erhielt, die er unbedingt brauchte. Er konnte sich daraus einiges zusammenreimen, wusste aber nie exakt, was wir vorhatten. Es war eine ganz normale Vorsichtsmaßnahme, die auch ihn schützte. Aber natürlich war ihm klar, in welcher Branche er mitarbeitete, und es machte ihm nichts aus. Langsam stellte er das Glas wieder ab und sah auf das Display.

»Beide Anrufe kamen von der gleichen D-Netz-Nummer«, sagte er und arbeitete einen kurzen Moment konzentriert auf der Tastatur, bis er wieder nach dem Glas griff und sich zurücklehnte.

»Wärst du bereit, hierzubleiben und mir zu helfen?«, fragte ich.

Er zeigte auf die Waffe in meinem Holster. »Damit?«

»Möglicherweise.«

»Nein«, sagte er.

»Du müsstest nur im äußersten Notfall schießen. Ich brauche jemanden, der mir den Rücken freihält.«

»Nein, Tim, tut mir leid. Das gehört nicht zu meinem Job.«

»Ich leg natürlich was drauf«, sagte ich gereizt.

Er schüttelte nur den Kopf und zeigte auf den Laptop. »Das hier ist mein Job.« Er kippte das Display etwas, um besser sehen zu können. »Ich weiß doch noch nicht mal, was ihr hier eigentlich treibt. Und wenn es schon Jacques erwischt, dann ist es ja wohl ein *ganz* heißes Eisen. Ich halt meinen Kopf nicht hin, wenn ich nicht genau weiß, um was es geht. Das heißt, wenn ich nicht von Anfang an alles unter Kontrolle hatte.«

»Du solltest mir mittlerweile eigentlich trauen«, sagte ich.

Er lächelte und sah mich mit hochgezogenen Brauen an. »Traust du mir?«, fragte er.

Ich sagte nichts. Er sah wieder auf das Display des Laptops.

»Da sind wir ja … Die Nummer gehört einem Herrn Tomas Stricker, Tomas ohne h, wohnhaft in 51105 Köln, An der Pulvermühle 45.«

Ich kannte die Adresse. »Scheiße, das ist ein Hochhaus«, sagte ich.

»Zum Nuttenbunker also«, hatte der Taxifahrer am Hauptbahnhof gesagt, als wir ihm das Fahrziel nannten. Er lag nicht ganz falsch. Sabrina, Petes Freundin, wenn man sie so nennen konnte, die uns dort Unterschlupf gewährte, arbeitete als Callgirl.

Pete hatte sich den linken Fuß und die rechte Hand verstaucht, als wir in Bochum auf der Flucht vor einer Gruppe Rocker waren. Pete hatte deren Chef ein Bier ins Gesicht geschüttet. In der Kneipe waren nur vier von ihnen gewesen, mit denen waren wir fertiggeworden, aber als wir rauswollten, rannten wir dem Rest der Gang in die Arme. Am Ende entkamen wir über einen Schrottplatz, wo uns dann der Wachhund über den Zaun hetzte. Pete hatte die ganze Zeit gelacht, bis er auf der anderen Seite des Zauns auf die Fresse fiel. Er war völlig außer Gefecht. Als ich zu der Kneipe zurückgeschlichen war, um unseren Wagen zu holen, musste ich mit ansehen, wie der von den Rockern mit Baseballschlägern bearbeitet wurde. Irgendwie schleifte ich Pete dann zum Bahnhof. Er war fertig, und auch ich brauchte eine Pause – eine lange. Außerdem waren wir zu diesem Zeitpunkt so gut wie blank: Ich hatte noch genau einen Fünfziger in der Tasche. Am Tag zuvor waren wir in Hohensyburg in der Spielbank gewesen. Ich weiß nicht, welche Sachen Pete an dem Abend eingeworfen hatte, aber er hatte plötzlich auf den Roulette-Tisch gestarrt und fast angefangen zu sabbern. »Neunzehn«, hatte er nur noch gestammelt. Eine Minute später waren wir pleite. So blieb uns nur Sabrina. Ich hatte die Tage in ihrem Apartment fast komplett schlafend oder dösend auf einer Matratze verbracht, direkt unter ihren diversen Arbeitsmonturen, die über mir an der Wand hingen. Sabrina war ihr Künstlername, nach dem richtigen habe ich nie gefragt. Sie mochte mich und versorgte uns gut. Pete und ich vögelten abwechselnd mit ihr, und im Laufe zweier Wochen kamen wir wieder zu Kräften. Als Pete wieder richtig laufen konnte, klaute er als Erstes ein Auto. Am selben Abend überfielen wir den Geldboten eines Lidl-Marktes, warfen Sabrina einen Umschlag mit zweitausend Euro in den Briefkasten und waren wieder unterwegs. So war Tom Stricker das erste Mal in dieses Haus gekommen.

Jetzt war er wieder dort. Es gab keine Chance, den Mann da ausfindig zu machen – es war nicht damit zu rechnen, dass er sich unter diesem Namen eingemietet hatte.

»Was hast du vor?«, fragte Alex.

»Erst mal abwarten, was Claude sagt.«

Er hackte weiter auf dem Laptop herum. Ich beugte mich vor und kraulte Pernod im Nacken, er brummte wohlig.

»Unser Mann ist unterwegs«, sagte Alex. »Die Anrufe kamen aus zwei verschiedenen Funkzellen. Augenblick …« Seine Zunge beulte seine Wange aus, während seine Finger über die Tasten flogen. »Schau mal.« Er drehte den Laptop zu mir. Auf dem Display war eine stark vereinfachte Landkarte zu sehen, die von kleeblattförmigen Mustern überzogen war. Alex zeigte mit einem Stift auf den unteren Rand des Displays.

»Zur Orientierung: Hier unten ist die City von Köln. Die Kleeblätter stellen die Funkzellen dar. Der erste Anruf kam von hier.« Er zeigte auf eine Stelle im oberen Drittel des Ausschnitts.

»Das ist Niehl«, sagte ich. »Damit war zu rechnen.«

Er verschob den Kartenausschnitt mit der Maus nach oben und etwas nach links.

»Von hier kam der zweite.« Die Funkzelle, auf die er zeigte, lag genau über der A 1.

»Er ist uns gefolgt«, sagte ich. »Scheiße!«

»Hierher?« Unwillkürlich sah Alex sich um.

»Wahrscheinlich ist er ganz in der Nähe«, sagte ich.

»Was will er?«

»Wenn ich das wüsste. Kannst du ihn orten?«

Er arbeitete einige Augenblicke, dann schüttelte er den Kopf. »Sein Handy ist ausgeschaltet.«

Die Tür öffnete sich, und Carmen kam heraus. Sie setzte sich neben mich auf die Bank.

»Bitte sehr.« Auf ihrer flachen Hand hielt sie mir das verformte Projektil hin. Ich nahm es mit spitzen Fingern.

»Wie geht es ihm?«, fragte ich.

»Stabil. Er wird durchkommen. Aber vorläufig ist er nicht transportfähig.« Sie beugte sich vor und kraulte den Hund. »Wie heißt der?«, fragte sie.

»Pernod«, sagte Alex. »Er mag schöne Frauen.«

Der Blick, den sie ihm zuwarf, hätte Medusa alle Ehre gemacht. Alex sagte nichts weiter.

»Wie lange muss er hierbleiben?«, fragte ich.

»Ein, zwei Tage, bis der Kreislauf wieder stabil ist. Wenn es geht, länger. Aber er hat ja eine wirklich unglaubliche Konstitution für sein Alter.«

»Ich weiß.« Ich spielte mit der Kugel in meiner Hand. »Noch eine für seine Sammlung«, sagte ich.

»Wie viele hat er denn schon?«

»Drei. Dazu zwei Granatsplitter und eine Handvoll Schrotkugeln.«

»Ein Krieger also. Und wie viele haben Sie?«

»Nur die eine ... Kann ich zu ihm?«

»Er schläft.«

Maria und Claude traten aus der Tür. Claude nickte mir zu und zündete sich eine Gitanes an. Er strahlte eine melancholische Resignation aus. Er hatte nichts von der strengen Souveränität, die man hinter Jacques' Freundlichkeit stets spüren konnte. Die beiden waren, was man beste Freunde nennt. Ihre Leben waren über weite Strecken parallel verlaufen, doch sie waren zwei völlig verschiedene Männer. Ihre unterschiedlichen Stärken waren das, was sie verband.

Maria setzte sich neben mich. Sie wirkte erleichtert. »Er wird es schaffen«, sagte sie. Und dann: »Ich bin so froh.«

Alex stand neben Claude und schnorrte eine Zigarette. Sie redeten auf Französisch miteinander. Claude zog ein Notizbuch hervor und schrieb lange. Schließlich riss er das Blatt heraus. Alex steckte es ein und kam zu mir herüber.

»Claude braucht noch Sachen aus seiner Praxis. Ich fahr nach Zeebrugge und hole sie. Er will hierbleiben.«

»Wirst du alles finden?«

»Er hat es aufgeschrieben. Seine Frau wird es mir zusammenstellen.«

»Gut«, sagte ich. »Nimm den Citroën.«

»Okay«, sagte er und sah sich um. »Ich bin froh, dass ich hier wegkomme. Komisches Gefühl. Hinter jedem Busch scheint einer zu hocken.« Er packte seine Sachen wieder in den Koffer.

»*Au revoir*«, sagte er dann nur und stieg in den Citroën. Sekunden später war er verschwunden.

Carmen beschäftigte sich noch immer mit Pernod. Ich stieß Maria sanft an, zeigte auf Carmen und tippte dann unter mein Auge.

»Ich vertret mir mal ein bisschen die Beine«, sagte ich. Maria sah mich fragend an, aber sie nickte. Ich pfiff, und Pernod sah zu mir. »Komm, mein Junge«, sagte ich.

»Ich komme mit«, sagte Carmen.

»Nein«, sagte ich nur.

»Wieso nicht?«, fragte sie.

»Tun Sie, was ich Ihnen sage!«

Sie schüttelte verständnislos den Kopf. »Aye, aye, Sir«, sagte sie dann.

Ich ging zum Kofferraum des Mercedes und öffnete den Waffenkoffer. Die Kimber 1911 tauschte ich gegen eine SIG P210 mit Zieloptik, auf größere Distanzen war sie meiner Standardwaffe leicht überlegen. Ich schraubte einen Schalldämpfer auf.

»Geht bitte alle ins Haus«, sagte ich und steckte die Waffe in das Holster. Pernod lief vor mir her zum Tor hinaus.

»Steh«, befahl ich. Sofort blieb er stehen. Er drehte sich zu mir um und sah mich erwartungsvoll an. »Such den Mann«, sagte ich, nachdem ich ihm die Leine angelegt hatte. Seine Ohren stellten sich auf, er blickte um sich. Wir gingen ein Stück den Waldweg hinunter.

Nach zwanzig Metern blieb er stehen und sah den Hang gegenüber dem Haus hinauf. Ich folgte seinem Blick, konnte aber im Unterholz nichts ausmachen.

»Los«, sagte ich, und er ging sofort in den Wald hinein, an der Leine zerrend. Plötzlich sah ich eine Bewegung, vielleicht fünfundsiebzig Meter voraus. Ich konnte nicht erkennen, ob es ein Mensch oder ein Tier war. Wenn es der Mann war, konnte Pernod ihn leicht stellen, ich musste ihn nur von der Leine lassen. Aber mir war das Risiko zu groß, dass er bewaffnet war und den Hund einfach abknallte. Ich zog die Pistole und rannte los. Pernod zog mich an der Leine hinter sich her. Zweige peitschten mir ins Gesicht. Nach etwa hundert Metern brachen wir aus dem Gebüsch und kamen auf eine schlammige Treckerspur, die sich kurvig durch den Wald zog. Niemand war zu sehen, aber Pernod hetzte ohne Zögern nach links weiter. Als wir um die nächste Biegung kamen, sah ich den Mann, immer noch fünfundsiebzig Meter vor mir. Er trug eine schwarze Wollmütze und einen dunkelblauen Anorak.

Ich ließ die Leine los, riss die Waffe hoch und schoss zweimal. Pernod rannte weiter. Die Kugeln wurden von herunterhängenden Zweigen abgelenkt, sie verfehlten den Mann – knapp, wie die splitternde Rinde an einem Baum vor ihm zeigte. Ohne sich umzudrehen lief er weiter und verschwand hinter der nächsten Biegung.

»Pernod! Steh!«, brüllte ich, doch er war vom Jagdfieber gepackt. Ich setzte ihm nach. Hinter der Biegung sah ich den Mann auf einen schwarzen Volvo-Kombi zurennen. Pernod hatte ihn fast erreicht, als der Mann sich umdrehte und eine kurzläufige Waffe zog. Ich hielt an, doch bevor ich die SIG oben hatte, wurde Pernod mitten im Sprung getroffen. Er gab ein langes Jaulen von sich und stürzte in eine Pfütze. Meine Schussbahn war frei, aber ich war zu sehr außer Atem, ich verzog zweimal nach links. Der Mann sprang in den Volvo und startete den Motor. Meine nächste Kugel zerbröselte noch die Heckscheibe, doch der Wagen verschwand schlingernd zwischen den Bäumen, eine Fontäne aufgeschleuderten Drecks hinter sich herziehend. Im Laufen steckte ich die SIG wieder in das Holster. Ich sah, wie Pernod immer wieder versuchte, sich aufzurichten, doch seine beiden rechten Läufe knickten jedes Mal ein.

»Ruhig, mein Junge«, keuchte ich und kniete mich neben ihn. Er kreischte auf, als ich ihn aus der Pfütze hob und auf einen Fleck rauen, gelben Grases neben der Treckerspur legte. Die Kugel hatte einen Fetzen aus seinem Ohr gerissen. An der Schulter fand ich den Einschuss, ein kleines Loch, nur schwach blutend, doch an der Flanke, hinter dem Vorderbein, wo die Kugel ausgetreten war, klaffte eine riesige Wunde in seinem Fell. Er hechelte.

»Wir kriegen dich wieder hin, mein Junge. Bleib schön liegen, ich hol dich gleich«, sagte ich und lief zurück in Richtung

Haus. Ich brach durch das Unterholz den Hang hinunter. Als ich am Tor ankam, klingelte das Handy. Heftig atmend nahm ich das Gespräch an.

»Tut mir leid mit dem Hund, Timothy«, sagte die Stimme. »Das gerade war aber auch nicht nett von dir.«

»Das nächste Mal krieg ich dich«, sagte ich.

Die Stimme am anderen Ende lachte ihr leises Lachen.

»Konzentrier dich lieber auf deine Aufgabe«, sagte der Mann und unterbrach die Verbindung.

***

Ich saß an dem Tisch auf der Veranda. Die SIG und die Beretta hatte ich bereits gereinigt und neu geladen. Vor mir lag die in ihre Einzelteile zerlegte Kimber. Am Tischrand aufgereiht standen acht .45er Projektile für sie. Carmen und Claude kümmerten sich um Pernod. Claude und ich hatten ihn mit dem Auto abgeholt. Nun lag er im hinteren Schlafraum und wurde verarztet. Maria saß bei Jacques. Ich reinigte den Lauf der 1911er, aber meine Gedanken waren nicht bei der Sache, schweiften, suchten unaufhörlich nach einem Gesicht für den Mann, nach einer Erklärung. Und dazwischen die Sorge um Jacques und auch Pernod. Ich schalt mich einen sentimentalen Idioten, aber ich hatte mich sehr an den Hund gewöhnt. Dass wir ihn nie wirklich so weit gekriegt hatten, ihn ernsthaft einsetzen zu können, war vorwiegend mein Fehler gewesen. Die bedingungslose Liebe, die ein Hund seinem Herrn entgegenbringt, war ein irritierendes Gefühl für mich gewesen und hatte dazu geführt, dass ich immer wieder Jacques' Dressur in die Quere gekommen war: Ich hatte Pernod zu sehr verwöhnt. Aber letztlich hatte auch Jacques nicht immer die nötige Härte aufgebracht. Als ich ihn dann zum zweiten Mal erwischte, wie er dem Hund einen Streifen Bacon vom Frühstückstisch spendierte, war Pernod, so stillschweigend wie übereinstimmend, vom Kampf- zum Haushund umdeklariert worden. Jetzt war er genau deswegen erwischt worden. Von einem Mann ohne Gesicht.

Ich erwachte aus meinen Gedanken: Vor mich hinstarrend, mit dem Lauf der Pistole in der Hand, saß ich am Tisch. Im Geäst einer Fichte, nicht weit entfernt, zeterten die beiden Elstern. Die Sonne war durch die Wolken gebrochen und wärmte mein Gesicht. Ich legte den Lauf auf den Tisch und lehnte mich zurück. Die Elstern beobachteten mich. Schließlich flog eine von ihnen auf die Stuhllehne, denselben Platz, auf dem sie schon heute Mittag gesessen hatte. Ihr Kopf fuhr hin und her, sie sah zu mir, auf die in der Sonne golden funkelnde Reihe der Patronen, dann wieder zu mir. Ich rührte mich nicht. Nach einer Weile sprang sie auf den Tisch. Sie verharrte geduckt, fluchtbereit, und sah mich an. Ich wartete gespannt. Als ich nicht weiter reagierte, tat sie einen kleinen Sprung nach vorn, griff mit dem Schnabel eine der Patronen und floh zurück auf die Fichte, von der anderen Elster mit lautem Keckern begrüßt. Ich schüttelte den Kopf und griff wieder nach dem ausgebauten Lauf. Mitten in der Bewegung hielt ich inne. Ein Gedanke durchfuhr mich – zuckend, eine Kette scheinbar wirrer Assoziationen, und plötzlich wusste ich, wo der Punkt war. Der Schnittpunkt, in dem die Linien von Tom Strickers und Timothy Clays Leben sich trafen.

»Idiot«, sagte ich leise. »Verdammter Idiot.«

Hastig baute ich die Pistole zusammen, steckte die Patronen ins Magazin und drückte es in den Schaft. Ich steckte die Waffe ein und verstaute die beiden anderen im Koffer. Dann ging ich ins Haus. Jacques schlief noch. An dem Ständer hing eine Infusionsflasche, deren Schlauch zu einer Kanüle in seinem Arm führte. Auch aus dem Verband an seiner Brust, wo vorher die Kulihülse gesteckt hatte, kam nun ein Schlauch, der zu einem seltsamen schmalen Kasten führte und von dort weiter zu einem leise summenden kleinen Kompressor.

Carmen saß neben Jacques, auf dem Schoß irgendeine Zeitschrift, die sie wohl im Regal gefunden hatte.

Ich zeigte auf den Kasten. »Was ist das?«, fragte ich.

»Ein Thorax-Dränagegerät. Es erzeugt Unterdruck, um die Lunge wieder auszudehnen. Claude hat es mitgebracht.«

»Wann wird er aufwachen?«, fragte ich.

»Ich weiß es nicht. Je länger er schläft, desto besser.«

»Kannst du ihn einen Moment allein lassen? Ich muss mit dir reden.«

Sie folgte mir auf die Veranda. Ich blieb dicht vor ihr stehen und sah ihr in die Augen.

»Willst du mir helfen?«

»Wobei?«

»Den Mann zu finden.«

Ihr Blick war fest, sie sprach leise und schnell, ihre Stimme klang kalt. »Ich habe deinem Freund das Leben gerettet. Ich habe mit einem Skalpell neben dir gesessen – einem schlafenden Mörder –, ohne dir etwas zu tun. Ich war allein hier, mit einer alten Frau und einem alten Mann, glaubst du wirklich, ich hätte nicht entkommen können, wenn ich es drauf angelegt hätte? Dass ich noch hier bin, hat nur einen Grund: *Du* bist meine einzige Chance, an den Mann ranzukommen. Er ist unser gemeinsamer Feind, wie du es gesagt hast! Ja, ich werde dir helfen.« Sie stand dicht vor mir, ihre Augen glühten.

»Kann ich dir vertrauen?« Was für eine Frage, dachte ich.

»Ja«, sagte sie, ohne zu zögern.

»Gut. Ich weiß jetzt, wo ich die Spur des Mannes aufnehmen kann. Ich muss so schnell wie möglich los. Ich möchte, dass du mitkommst.«

»Ich werde dich begleiten, und wenn es das Letzte ist, was ich tue. Ich will wissen, wer er ist. Und wenn du mir eine Waffe gibst, werde ich dir auch damit helfen.«

»Gut«, sagte ich.

»Gut«, sagte auch sie und ging wieder ins Haus. Ich folgte ihr. Als wir den Raum betraten, hörte ich Jacques leise stöhnen. Er bewegte sich etwas. Ich trat an seine Seite, langsam erwachte er aus der Narkose. Er lächelte, als er mich sah. Sein Blick versuchte zu erfassen, wo er war.

»Immer noch 2-7«, sagte er heiser. »Ist Claude hier?«

»Ja. Du bist mal wieder davongekommen. Wirst allerdings noch ein bisschen hier liegen bleiben müssen.« Ich zog die Kugel aus der Hosentasche und hielt sie ihm hin.

Er grinste. »Wie ist der Stand?«

»Der Mann ist uns gefolgt, bis hierher. Pernod und ich hätten ihn fast erwischt. Aber leider nur fast. Er hat Pernod angeschossen.«

Jacques schloss die Augen, sein Gesicht blieb beherrscht, doch seine Unterlippe zitterte, kaum merklich.

»Wie geht's ihm?«

»Er kommt durch, aber er wird nicht mehr der Alte sein, fürchte ich.«

Jacques nickte leicht.

»Ich weiß jetzt, wo ich anfangen muss zu suchen«, sagte ich.

Er blinzelte mich an. »Bei deiner Mutter.«

Ich zog die Brauen hoch. Jacques räusperte sich mit schmerzverzerrtem Gesicht.

»Ich hatte mehr Zeit zum Nachdenken als du«, sagte er leise. »Es wurde mir genau in dem Moment klar, als die junge

Dame mir die Narkose setzte.« Seine Augen fielen wieder zu. Flüsternd sprach er weiter. »Wenn er Tom *und* Timothy kennt, kann er dich nur dort entdeckt haben. Du musst zu ihr.«

»Ja«, sagte ich, »Carmen kommt mit mir.«

»Das ist richtig.« Mühsam öffnete er die Augen wieder und sah sie an. Sie stand am Fußende. Eine Weile ruhte sein Blick auf ihr. »Ich habe lange überlegt, an wen Sie mich erinnern, Frau Berger«, flüsterte er dann und hustete leicht. »Es sind Ihre Augen, wissen Sie. Sie erinnern mich an Timothy.«

»Was?«, fragte ich. Carmen stieß ein kleines fragendes Lachen aus. Jacques hustete wieder und verzog das Gesicht vor Schmerz, dann sah er mich an.

»Es ist nicht, dass sie dir gleicht. Aber sie ist genauso stark wie du. Es ist in ihren Augen. Es ist richtig, dass du sie mitnimmst. Wann brecht ihr auf?«

»Sofort.«

»Das ist gut. Seid vorsichtig«, sagte er noch, bevor er wieder einschlief.

SECHS

Ich fuhr den Ford. Carmen folgte mir in ihrem Mercedes. Maria und Claude blieben bei Jacques. Alex würde am späten Abend zurückkommen und sie mit allem versorgen, was sie brauchten. Ich hatte ihnen die Beretta und einen Revolver dagelassen. Der Mann im schwarzen Volvo hatte bisher nicht direkt angegriffen; ich unterstellte, dass sein Interesse ausschließlich mir galt, aber ich wollte die beiden nicht wehrlos lassen. Claude hatte den Revolver mit seinem typischen melancholischen Lächeln genommen und ohne weiteren Kommentar eingesteckt. Jacques' Beretta lag vor Maria auf dem Tisch, als wir das Haus verließen. »Ich pass auf ihn auf«, hatte sie mir zum Abschied gesagt, ohne zu lächeln.

In der Nähe der A 1 ließen wir den Mercedes auf einem Parkplatz stehen. Es war besser, ihn loszuwerden; möglich, dass die Polizei danach fahndete. Carmen stieg zu mir in den Ford. Schweigend saßen wir nebeneinander. Ich achtete mehr auf den Rückspiegel als auf den Verkehr vor mir, immer auf der Suche nach dem schwarzen Volvo oder einem anderen verdächtigen Fahrzeug. Bei Euskirchen fuhr ich von der Autobahn ab und sofort wieder auf. Niemand folgte uns.

»Fahren wir nach Köln?«, fragte sie.

»Nein. Ins Oberbergische.«

»Eine seltsame Situation, von einem Killer seiner Mutter vorgestellt zu werden.«

»Mutter hält mich für einen Anlageberater.«

»Oh Gott, dann schon lieber ein Killer.« Sie lachte. »Nein, aber irgendwie stellt man sich Leute wie dich immer als einsame Wölfe vor. Eine Mutter passt da gar nicht ins Bild.«

»Ja. Man glaubt, wir kämen direkt aus der Hölle«, sagte ich.

Sie sah mich an. »Und? Woher kommst du tatsächlich?«

»Wen meinst du, Tom Stricker oder Timothy?«

»Ich meine dich.«

Ich antwortete nicht. Ich wollte nicht antworten. Ein plötzliches Bremsmanöver des Wagens vor mir schreckte mich aus meinen Gedanken. Mit erzwungener Konzentration ließ ich den Ford auf der linken Spur weiter mit dem Verkehr rollen.

»Kann man eigentlich glücklich sein, wenn man so lebt wie du?«, fragte sie nach einer Weile.

»Ich glaube nicht, dass ich weiß, was dieses Wort bedeutet.« Mein Blick hing an der Bremsleuchte vor mir, aber meine Gedanken wanderten. Von Jacques zu Tom Stricker zu Pernod zu Mutter. Zu Carmen.

»Warst du noch nie glücklich?«, fragte sie.

Als Vater noch lebte. Als kleiner Junge. Wenn Vater mich lobte, dann war ich glücklich. Einmal haben sie mich mitgenommen, Onkel Manni und er, auf Mannis Boot. Er hatte immer schon Motorboote, nicht so große wie heute, aber immer das größte, das er sich leisten konnte. Dieses war rot, feuerrot. Sie haben mich steuern lassen. Wahrscheinlich waren es nur hundert Meter, aber in meiner Erinnerung bin ich den ganzen Rhein entlanggefahren. Den Rest des Tages haben sie mich Käpt'n genannt. Damals war ich glücklich. Ich erinnerte mich genau.

»Ist das denn wirklich so wichtig – glücklich sein?«, fragte ich.

»Für die meisten Menschen schon.«

»Und du? Bist *du* glücklich?« Was für eine Frage, dachte ich wieder. Ich versuchte, mir einzureden, dass ich sie gestellt hatte, um von mir abzulenken. Aber ich wollte es wissen. Der Verkehr rollte wieder gleichmäßiger. Was für eine Frage.

Sie lachte, ein wenig hilflos. Das war neu für mich. »Ehrlich gesagt weiß ich es gar nicht. Seit Mutters Tod ist es mit dem Glück so eine Sache.«

»Das war vor fünf Jahren. Ist das nicht eine sehr lange Zeit, um zu trauern?«

»Es ist nicht die Trauer. Ihr Tod hat einfach alles verändert.«

Ich wartete, aber sie fuhr nicht fort. »Was meinst du mit ›alles‹?«, fragte ich.

»Alles eben. Manuel ist fort, mein Bruder. Und Vater … er redet kaum noch mit mir. Dabei sehen wir uns jetzt jeden Tag.«

»Habt ihr früher mehr gesprochen?«

»Ich weiß gar nicht … Es kommt mir so vor, obwohl, eigentlich war er noch nie sehr zugänglich. Aber jetzt wird er immer noch abweisender. Dabei verlangt er eine ganze Menge von mir – aber er hat ja immer viel verlangt.«

»Ist es so schwer, ihn zu pflegen?«

»Darum geht es nicht. Es ist das, was ich dafür aufgeben muss. Ich würde lieber in einem Krankenhaus arbeiten, vielleicht in Paraguay, aber er besteht darauf, dass ich ihn betreue. Nur deswegen wohne ich wieder bei ihm. Ich habe so eine schöne Wohnung, aber jetzt lebe ich wieder in diesem seltsamen Haus. Eigentlich ist es perfekt für Hahnwald – der ganze Stadtteil hat keine Fenster, jedenfalls nicht nach draußen; dort ist jeder für sich. Vielleicht gehöre ich ja wirklich dahin.«

»Also bist du nicht glücklich?«

»Nein«, antwortete sie.

»Hast du einen … Freund?« »Mann«, hatte ich fragen wollen.

»Nein. Nicht mehr.« Wieder dieses hilflose Lachen, als hätte noch nie jemand danach gefragt. »An der Uni hatte ich einen. Er war süß, eigentlich. So tollpatschig.« Ich sah sie an, sie lächelte. »Ich habe mich nie getraut, ihn Vater vorzustellen. Ich hab ihn mehr oder weniger durchgefüttert, er war so unbeholfen, irgendwie lebensuntüchtig. So einer mit umgeschlagenen Hosen und ab'n Hemdknöpfen. Ich denke, er hat meine Mutterinstinkte angesprochen. Nach seinem Examen bekam er einen Job in Hildesheim, und weg war er. Das war mein einziger fester Lover bisher. Es waren immerhin zwei Jahre, alles in allem.«

»Und wie hieß er?«

Wieder ein Lächeln. »Rüdiger«, sagte sie. »Ein Physiker.«

»Und sonst? Lernst du niemanden beim Tennis kennen?« Sie sah mich von der Seite an, und ich stellte mir ihre Augen unter den hochgezogenen Brauen vor, aber ich wandte meinen Blick nicht von der Straße. Gut, dass Jacques mich nicht hören kann, dachte ich.

»Ich spiel meist mit meinem Trainer. Ich habe nicht viele Kontakte, ehrlich gesagt. Ich geh auch nur selten aus. Die meisten Leute in meinem Alter sind so … jung.« Jetzt lachte sie wirklich. Ich musste auch lachen, ich wusste, was sie meinte.

»Was hat dich denn älter gemacht?«

»Ich weiß nicht. Paraguay … mein Vater … ja, ich denke, es war mein Vater. Wir hatten eine sehr ernsthafte Erziehung, Manuel und ich. Kaum Kontakt zu anderen Kindern, wenig Spielzeug, dafür Bücher. Privatlehrer. Ein Jesuitenkolleg ohne Beten, hat Manuel mal gesagt. Vater hat uns nie gelobt. Das kann sehr anstrengend sein auf die Dauer.«

»Ja«, sagte ich.

Sie schwieg. Ich nahm die CD aus dem Spieler und warf einen Blick darauf. Wu-Tang Clan, sie gehörte Alex. Im Handschuhfach lag eine mit den Brandenburgischen Konzerten 4–6. Ich schob sie ein.

»Magst du Bach?«, fragte ich.

Sie nickte mit ihrem verhaltenen Lächeln. Der Verkehr wurde dichter, je mehr wir uns Köln näherten. Es begann zu regnen. Langsam wurde es dunkel, wir würden im Finstern ankommen. Die strenge Schönheit der Musik gab dem grauen Herbstlicht etwas Unwirkliches. Wieder schweiften meine Gedanken, hin zu dem Mann, unserem Feind ohne Gesicht. Zu Mutter.

»Hast *du* eine Freundin?«

»Was? Nein«, antwortete ich irritiert. Die plötzliche Frage in unser Schweigen hinein hatte mich nur halb erreicht.

»Und früher?«

»Früher … ja. Aber das ist Vergangenheit.«

»Vergangenheit!« In den Augenwinkeln sah ich sie unwillig den Kopf schütteln. »Das hat mir Maria auch geantwortet, als ich sie nach Jacques gefragt habe. Als würde das alles beantworten. Was soll das, versteckt ihr euch da?«

»Ja«, sagte ich. »Aber es ist kein sicherer Ort mehr.«

»Musst du schon los, Tobias?« Susannes Stimme war schlaftrunken, es war vier Uhr morgens.

»Ja«, sagte ich.

»Wann kommst du wieder?«

»Morgen Abend, aber es wird spät werden. Der Flieger landet erst um elf.«

Als ich sie auf die Wange geküsst hatte, konnte ich ihren Morgenatem riechen. Sie gab ein Brummen von sich, wohlig, bevor sie wieder einschlief. Es war unser letztes Beisammensein gewesen und meine intensivste Erinnerung an sie – die intensivste von vielen. An diesem Morgen hatte ich nicht gewusst, dass ich nicht wiederkommen würde. Tobias Claussen würde nie mehr irgendwohin kommen. Am Abend dieses Tages lag er mit einem Steckschuss auf der Rückbank eines Armeejeeps, den Jacques über eine spanische Schotterstraße hetzte. Die Guardia Civil war hinter Tobias Claussen her, und beinahe hätten sie ihn bekommen. So nah war ich dem Ende nie gewesen. Sie hatten uns erwartet, jemand musste uns verraten haben.

Jacques hatte nur mit Mühe und größtem Risiko unsere Flucht bewerkstelligt. Er brachte mich in einem allein stehenden Ferienhaus unter, dessen Tür er aufgebrochen hatte. Hier lag ich allein mit einer Flasche Brandy, während er versuchte, in Córdoba einen Arzt zu besorgen. Meine schmerz- und alkoholbenebelten Gedanken kreisten um den Fehler, den wir gemacht haben mussten – und um Susanne. Ich wusste, dass ich sie nicht wiedersehen durfte, denn dies war das Ende von Tobias Claussen. Es hatte ihn nur kurz gegeben, dreieinhalb Monate in einem warmen Frühjahr und einem milden Sommer; jetzt würde er verschwinden, spurlos, ohne eine Nachricht. Meine berauschten Gedanken kreisten, immer weiter, Susanne, der Fehler, Susanne, und irgendwann – ganz plötzlich – fügten sie sich zu einem Blitz zusammen, und ich wusste, wer mich verraten hatte.

Als ich wieder erwachte, war die Kugel aus meiner Seite verschwunden. Der versoffene Chirurg, der einzige, den Jacques in dieser gottverlassenen Gegend auftreiben konnte, hatte stattdessen die bizarre Narbe an meiner Taille hinterlassen.

Jacques hatte nichts weiter gesagt, als ich ihm von Susanne erzählte. Timothy Clay war noch jung gewesen damals. Er hatte wenige Fehler gemacht bis dahin, und Jacques wusste, dass er aus allen gelernt hatte. Er würde auch aus diesem lernen – sei-

*nem größten. Ich suchte nach Susanne, sobald ich wieder gehen
konnte, ohne zu wissen, was ich mit ihr anfangen sollte, wenn
ich sie fände. Aber meine Suche war vergeblich. Die Narbe
schmerzte jeden Tag und erinnerte mich, und doch musste ich mir
eingestehen, dass ich froh war, als Susanne verschwunden blieb,
für immer. Sie war die Einzige geblieben, die ich nie gefunden
habe.*

»Was willst du deine Mutter eigentlich fragen?« Wieder holte
Carmens Stimme meine schweifenden Gedanken ein. Es war
dunkel geworden, und wir quälten uns über das Heumarer
Dreieck.

»Wir müssen abwarten, wie sie drauf ist«, sagte ich.

Die Wahrheit war, dass ich es nicht wusste. Ich grübelte
darüber, was ich sagen sollte – vor allem, wie ich es sagen
sollte, ohne sie zu erschrecken. Sie konnte stundenlang reden,
immer das Gleiche, lauter vernünftige Sätze, von denen leider
keiner etwas mit dem vorausgegangenen oder dem folgenden
zu tun hatte. Die Musik drang wieder in mein Bewusstsein,
für Minuten war sie einfach an mir vorbeigegangen. Ich
kämpfte gegen die Müdigkeit auf meinen Lidern und ließ
das Fenster ein wenig herunter, um den Fahrtwind zu spüren.
Die Geräusche des Verkehrs überlagerten die Musik. Die
Aufgabe, eine konkrete Information aus Mutter herauszube-
kommen, war von unwägbarer Schwierigkeit. Ich entschied
mich, Carmen mit zu ihr hineinzunehmen. Die Chance, dass
ihr Auftauchen Mutter positiv beeinflusste, war immerhin
gegeben. Ob sie größer war als ihr Gegenteil, blieb abzuwarten. Ich wollte sie einfach dabeihaben.

***

Sie saß in einem beigefarbenen Kimono beim Abendbrot, als wir ihr Zimmer betraten. Als sie Carmen gewahr wurde, schnellte sie von ihrem Stuhl hoch und stürzte auf sie zu.

»Mein Junge! Wen bringst du denn da mit?« Dicht vor ihr blieb sie stehen und betastete ihr Gesicht.

»Guten Abend, Frau Stricker. Mein Name ist Carmen Berger.«

Mutter drehte sich zu mir. »Ist das dein Mädchen?«, flüsterte sie lauthals.

Carmen lächelte.

»Eine gute Freundin. Die Tochter von Jochen Berger.«

»Kenn ich nicht.« Sie wandte sich wieder Carmen zu. »Du bist ein schönes Kind.« Mit einem verschwörerischen Lächeln zu mir näherte sie sich Carmens Ohr. »Tom ist ein guter Junge«, flüsterte sie.

»Dürfen wir uns setzen, Mutter?«, fragte ich.

»Setzen, aber ja! Setzt euch!« Sie tanzte zum Tisch zurück. »Tomas hat ein Mädchen, Tomas hat ein Mädchen«, sang sie. »Erzählerzählerzähl, wo hast du sie kennengelernt?«

Aufgeregt knetete sie ihre Hände. Ich drückte sie sanft auf ihren Stuhl und zog für Carmen einen Sessel heran.

»Ich hab sie auf Melaten getroffen. An Vaters Grab«, sagte ich, nachdem ich mich ihr gegenübergesetzt hatte.

»Vaters Grab …« Ihre Gesichtszüge schienen entgleisen zu wollen. »Wolfgang ist tot, wissen Sie? Er hat ein Pferd. Reiten Sie?«

»Nicht mehr«, sagte Carmen. »Früher hatte ich –«

»Kennen Sie Toms Film?«, fiel Mutter ihr ins Wort, plötzlich strahlend lächelnd. »Den müssen Sie unbedingt sehen! Ich habe ein Video davon!« Sie sprang auf. »Es ist so schade, dass er nicht weitergemacht hat mit dem Film. Er hat so viel Begabung geerbt.«

»Später, Mutter, bitte!«

Sie sah mich enttäuscht an. »Warum nicht? Ich bin doch so stolz auf dich.«

»Dafür ist noch genug Zeit. Erzähl Carmen lieber ein bisschen von Vater. Sie ist Jochen Bergers Tochter, er war doch Vaters Freund.«

»Jochen Berger. Kenn ich nicht. Nie gehört. Will ich auch nicht kennen. Bin ich zu alt zu. Wer ist das?«

»Er war ein Freund von Vater und Onkel Manni.«

»Nein. Kenn ich nicht. Oder doch?« Sie sah Carmen an. »Du gleichst irgendjemandem.« Dann wieder zu mir: »Wolfgang und Manfred, Wolfgang und Manfred, was habt ihr immer mit den beiden? Immer nur Wolfgang und Manfred.«

»Hat denn noch jemand nach ihnen gefragt?«

»Ach, alle fragen immer nur nach Wolfgang und Manfred.«

»Wer ist ›alle‹?«

»Na, alle eben.« Sie lächelte Carmen an. »Tom ist ein guter Junge«, sagte sie und kniff ihr in die Wange. »Wolfgang ist tot. Manni kenn ich nicht.«

»Manni ist auch tot, Mutter«, sagte ich. Es war ein Schuss ins Dunkle, ich hatte keine Vorstellung, was passieren würde.

»Manni kenn ich nicht«, sagte sie und starrte mich an. Ihre Augen füllten sich mit Tränen. »Wieso ist er tot?«

»Jemand hat ihn erschossen«, sagte ich.

Mutter schloss die Augen, die Tränen liefen über ihre Wangen. Dann faltete sie die Hände. » Wer mit dem Schwert lebt, wird durch das Schwert umkommen. Wer mit dem Schwert lebt, wird durch das Schwert umkommen. Wer mit dem Schwert lebt, wird durch das Schwert umkommen. Wer mit dem Schwert lebt, wird durch das Schwert umkommen. Wer mit dem Schwert lebt ...«

Ununterbrochen wiederholte sie den Satz, minutenlang,

ihr Oberkörper schwang vor und zurück. Dann, unvermittelt, riss sie die Augen auf.

»Wer?«, fragte sie.

Ich antwortete nicht.

»Wer hat ihn erschossen?«, schrie Mutter.

Ich schloss die Augen.

»Man weiß es noch nicht«, hörte ich Carmen sagen.

Mutter weinte. Sie hatte die Hände vor dem Gesicht zusammengeschlagen und schluchzte enthemmt und hilflos. Ich hob die Hand, um sie zu streicheln, aber ich brachte es nicht fertig. Mir wurde klar, dass ich sie seit Jahrzehnten nicht berührt hatte. Meine Hand schwebte über ihrer Schulter, bis ich sie wieder zurückzog. Carmen sah mich an, dann stand sie auf und umarmte Mutter, streichelte über ihr Haar. Mutter klammerte sich an ihr fest. Das Gesicht in Carmens Pulli gedrückt, wurde sie von Krämpfen geschüttelt. Ich suchte Carmens Blick, doch sie sah fort. Endlich lockerte Mutter ihren Griff um sie. Schwer atmend sah sie mich an.

»Alle sterben«, sagte sie.

»Ja, irgendwann.« Was sonst sollte ich sagen?

»Tom ist auch tot, sagt er.« Sie lächelte Carmen verwirrt zu. »Er ist nämlich gar nicht Tom, er ist Timothy. Mein anderer Sohn. Aber ich kann mich gar nicht an ihn erinnern.«

Sie versuchte, sich Tee einzuschenken, doch sie zitterte zu stark. Carmen nahm ihr die Kanne aus der Hand und half ihr.

»Tom ist tot, hat Dr. Scheller gesagt. Alle sterben. Manfred. Jochen Berger kenn ich nicht. Er wird auch sterben.«

Carmen sank zögernd wieder in den Sessel. Sie biss sich auf die Unterlippe.

»Dr. Scheller ist nett«, sagte Mutter. Sie umfasste die Teetasse mit beiden Händen. Zitternd hob sie sie zum Mund und trank schlürfend.

»Ich habe ihn neulich kennengelernt. Ein sehr freundlicher junger Mann«, sagte ich.

»Dr. Scheller ist nett«, sagte sie wieder. »Er hat mir erlaubt, dich Tom zu nennen. An Tom kann ich mich erinnern. Darum nenne ich dich Tom. Du warst so süß. Es ist so schade, dass du nicht weitergemacht hast mit dem Film. Du hast so viel Begabung geerbt.« Sie wandte sich Carmen zu. »Ich nenne ihn Tom. An Tom kann ich mich erinnern. Jetzt sehen wir uns den Film an!«

»Nein, Mutter, bitte. Dr. Scheller hat dir erlaubt, mich Tom zu nennen?«

»Warum denn nicht? Ich darf dich nennen, wie ich will. Timothy und Tom sei das Gleiche, hat er gesagt.«

»Das hat er gesagt?« Ich sah zu Carmen. Ihr Blick war angespannt. »Hat er dich auch nach Vater und Onkel Manni gefragt?«

»Alle fragen mich das.« Sie sah mich beleidigt an. »Ich *will* den Film sehen.« Wieder wandte sie sich an Carmen. »Es ist so schade, dass er nicht weitergemacht hat mit dem Film. Er hat so viel Begabung geerbt.«

»Sie kennt den Film schon«, sagte ich.

Carmen nickte zustimmend.

»Ach so«, sagte Mutter. »Zuletzt habe ich ihn mir mit Dr. Scheller angesehen. Er fand dich auch süß. Ist diese Person, die seine Mutter spielt, nicht furchtbar?«

»Furchtbar«, sagte Carmen.

»Ja. Furchtbar. Manfred ist tot. Wolfgang auch. Alle sterben.« Sie begann wieder zu weinen. »Ihr lügt mich doch nicht an, nein? Alle lügen mich an. Ich sei krank, sagen sie, stimmt gar nicht. Lügt mich nicht an!«

Es klopfte, und eine Schwester trat ein. Forschend sah sie zu Mutter, die zusammengekrümmt und weinend am Tisch saß.

»Alles in Ordnung, Frau Stricker?«, fragte sie.

»Jaja, alles in Ordnung, alles in Ordnung. Alle sterben.«

Die Schwester sah sie beunruhigt an.

»Kann ich Sie einen Moment sprechen, Schwester?«, sagte ich und stand auf.

Sie folgte mir auf den Gang.

»Ein alter Freund meiner Mutter ist gestorben, das wühlt sie so auf. Vielleicht haben Sie ein Beruhigungsmittel für sie.«

»Ich kümmere mich darum«, sagte sie.

Carmen hielt Mutter im Arm, als ich das Zimmer wieder betrat. Sie wiegte sie sanft hin und her, doch ihr Gesicht war angespannt. Als sie mich hereinkommen hörte, traf mich ihr Blick für einen Sekundenbruchteil, doch sofort sah sie beiseite, als wolle sie mir nicht in die Augen sehen. Mutter löste sich aus der Umarmung.

»Sie ist ein gutes Mädchen«, sagte sie.

»Ja«, sagte ich.

»Du musst lieb zu ihr sein. Du darfst sie nicht schlagen, hörst du?«

»Aber natürlich, Mutter.«

»Er mag nicht, wenn man ihn in den Arm nimmt. Aber er ist ein guter Junge«, sagte sie zu Carmen. »Bekommt Manfred auch so ein schönes Grab wie Wolfgang?«, fragte sie, wieder an mich gewandt. »Wolfgang hat ein schönes Grab. Jemand pflegt es. Ich hatte solche Angst, dass niemand es pflegt. Tom ist doch tot.«

»Du warst an Vaters Grab?«, fragte ich.

»Ja. Es war schön. Die Sonne schien.«

»Wann warst du da?«

»Ich weiß nicht. Die Sonne schien. Im Sommer?«

»Mit wem denn?«, fragte ich.

»Mit Dr. Scheller. Es war ein schöner Ausflug. Dr. Scheller

ist sehr lieb zu mir. Wir machen Ausflüge. Ich möchte so gern noch mal nach Paris. Mit Wolfgang war ich dort.«

Die Schwester und ein junger Arzt betraten das Zimmer. Er stellte sich leise als Dr. Severin vor und wandte sich dann an Mutter.

»Geht es Ihnen gut, Frau Stricker?«

»Nein. Alle sterben. Mir geht es nicht gut.«

Er fühlte ihr die Stirn und schüttelte leicht den Kopf. Nachdem er ihr den Puls gemessen hatte, sah er zu mir.

»Ich denke, es ist besser, wenn Sie Ihrer Frau Mutter etwas Ruhe gönnen«, sagte er.

»Ja.« Ich trat zu ihr.

»Gehst du?«, fragte sie.

Ich nickte.

»Ach, mein Junge. Kommst du wieder? Du musst dich um das Pferd kümmern!«

Wieder nickte ich nur.

»Auf Wiedersehen, Herr Clay«, sagte die Schwester.

Wir gingen hinaus. Carmen ging neben mir her, starr geradeaus blickend.

Ich sah sie an. »Was ist los?«

Ihr Blick war irritiert. Sie versuchte ein Lächeln, es schien, als bemühe sie sich, böse Gedanken zu verscheuchen.

»Deine Mutter hat mich … irritiert.«

»Ja, sie ist anstrengend.«

Wir warteten auf den Aufzug.

»Sie weiß nicht, was sie sagt, nicht wahr?«

»Man weiß nie, was stimmt und was sie sich nur einbildet. Hat sie irgendwas gesagt, als ich draußen war?«

»Nein … nichts Wichtiges.« Sie sah mich nicht an. »Meinst du, dieser Dr. Scheller ist der Mann?«, fragte sie, als sich die Lifttür hinter uns geschlossen hatte.

»Möglich.«

»Kennst du ihn?«

»Nur flüchtig. Er ist noch recht jung.«

Der Lift hielt im Erdgeschoss.

»Einen Moment«, sagte ich, als wir am Empfang vorbeikamen, und ging zum Tresen. »Entschuldigen Sie, Schwester. Ist Dr. Scheller im Haus?«

»Tut mir leid, Herr Clay, Dr. Scheller ist seit letzter Woche in Urlaub.«

»Tatsächlich? Ich dachte, ich hätte seinen Wagen auf dem Parkplatz gesehen. Er fährt doch diesen schwarzen Volvo, oder?«

»Ja, genau, den Kombi. Aber Sie müssen sich irren, Herr Clay, er ist nicht im Haus.«

»Ich danke Ihnen«, sagte ich. Wir gingen hinaus.

**

»Jetzt hat er einen Namen und ein Gesicht. Aber nichts ist erklärt. Wer ist der Mann? Was will er von mir? Was will er von deinem Vater?«

Wir saßen im Wagen auf dem Parkplatz. Die Regentropfen auf der Frontscheibe brachen das Licht der Straßenlaternen. Die Scheiben begannen zu beschlagen.

»Ist er Psychiater?«, fragte Carmen. Ihr Blick fixierte irgendeinen Punkt im Dunkel vor uns.

»Das weiß ich jetzt gar nicht … Ich denke schon. Warum fragst du?«

»Wie sieht er aus?« Sie führte ihre rechte Hand zum Mund und begann, an ihrem Daumennagel zu nagen.

»Blond, schmächtig, etwa eins siebzig. Ende zwanzig, schätze ich. Seine Augen waren seltsam – so blassblau.«

Sie schloss die Augen.

»Hast du eine Ahnung?«

Ich erhielt keine Antwort.

»Kennst du den Mann?«, insistierte ich, aber sie reagierte nicht. Immer noch hielt sie die Augen geschlossen. Sie war schön. Ich hob die Hand, meine Finger näherten sich zögernd ihrer Wange. Als die Spitze meines Mittelfingers ihre Schläfe berührte, kniff sie die geschlossenen Augen fest zusammen. Ihr Atem stockte.

Das Plärren des Handys durchschnitt die Stille des Moments. Meine Hand zuckte zurück. Carmen stieß zischend den Atem zwischen ihren Zähnen hervor, dann öffnete sie die Augen.

»Ist er das?«, fragte sie.

»Wahrscheinlich.«

»Ich will seine Stimme hören.«

Ich steckte das Gerät in die Freisprecheinrichtung.

»Hallo, Timothy«, sagte der Mann.

»Hallo, Dr. Scheller«, antwortete ich.

»Oh, so weit seid ihr schon? Respekt.« Er lachte. »Ich hoffe, deiner Mutter geht es gut.«

Ich sah zu Carmen. Bleich, schwer atmend saß sie neben mir.

»Bist du das, Manuel?« Ihre Stimme zitterte.

»*Dein Bruder?*«, flüsterte ich.

Es kam keine Antwort. Die Freisprecheinrichtung rauschte. Carmen kämpfte mit den Tränen.

»Hallo, Schwesterchen«, sagte die Stimme schließlich.

Ich wandte meinen Blick nicht von Carmen. Sie begann zu weinen.

»*Long time no see*«, sagte Manuel. »Und schon wieder bist du auf der falschen Seite.«

»Manuel, bitte! Warum tust du das alles?«

»Das ist eine lange Geschichte, Carmencita. Aber du weißt genau, warum.«

»Er hat sie nicht getötet!«, schrie sie. Sie weinte jetzt hemmungslos.

»Natürlich nicht. Sie hat es selbst getan. Wir brauchen das Thema nicht noch einmal aufzurollen. Wir sind durch damit. Du bist auf Vaters Seite, ich auf Mutters. Ich bin bei den Toten, du bist bei den Mördern.«

»Hör doch auf, hör doch bitte auf«, stieß sie durch ihr Schluchzen hervor. »Ich hab sie doch genauso geliebt wie du! Wie kannst du nur so sein? Sie war doch auch meine Mutter!«

»Ja, sie war deine Mutter. Und du bist auf der Seite ihres Mörders. Aber den wird Timothy töten.«

»Wie kommst du darauf, dass ich das tun werde?« Ich bemerkte, dass meine Finger wie von selbst nach meiner Waffe tasteten.

Manuel lachte. »Das ist eine lange Geschichte. Du kennst nicht mal den Anfang, aber *ich* weiß, wie sie weitergehen wird. Es gibt ein paar gute Gründe für dich, Jochen Berger zu töten, Timothy.«

»Und welche sollen das sein?«

»Es gibt ein paar komplizierte und ein paar einfache. Fangen wir mit den einfachen an: Einer davon sitzt mir gerade hier gegenüber. Weiblich, etwa achtzig Jahre alt, hört auf den Namen Maria. Der andere liegt in eurem Eifelhäuschen auf einem Tisch. Der dritte existiert leider nicht mehr.«

Mir wurde kalt. Meine Hand umschloss den Griff der Kimber. »Was soll das heißen?«

»Es tut mir wirklich leid. Ich hätte das gern vermieden, aber es war Notwehr. Der alte Mann hat auf mich geschossen.«

Ich schloss die Augen. »Ich will mit Maria sprechen«, sagte ich heiser.

»Im Moment hast du nichts zu wollen, Timothy. Aber gut, einen Satz.« Es raschelte, als er das Handy an Maria gab.

»Timothy! Claude ist tot! Jacques und mir ist nichts passiert, aber Jacques ist jetzt allein«, hörte ich sie sagen. Ihre Stimme klang kontrolliert.

»Das reicht«, sagte Manuel Berger. »Am liebsten wäre mir natürlich, wenn du einfach den Job machen würdest. Aber ich sehe, dass du das nicht tun kannst. Wir treffen uns in Köln, in etwa einer Stunde. Ich sag euch noch genau, wo. Also fahrt schon mal in Richtung City. Ich lege Wert darauf, dass ihr *beide* erscheint. Ich will wissen, dass mein Rücken frei ist. Wir haben einiges zu bereden. Ich habe dich ja auch noch gar nicht bezahlt. Im Voraus, war ja vereinbart. Ich habe das Geld hier. Hundertfünfzigtausend plus Spesen. Für Manni leg ich noch was drauf.«

»Dein Geld kannst du behalten, die Spesen *kannst* du gar nicht bezahlen. Und was sollten *wir* zu bereden haben?«

»Die komplizierten Gründe, Timothy.«

»Was ist mit Jacques?«

»Deinen Freund habe ich dort liegen gelassen, wo er war. Vielleicht hast du ja jemand, der sich um ihn kümmert. Maria habe ich mitgenommen, als Gewähr, dass du nicht auf dumme Gedanken kommst. Wenn ihr nicht erscheint, würde das Maria nicht gefallen. Du hörst von mir.« Er legte auf.

Ich starrte auf die Freisprecheinrichtung. »Scheiße«, sagte ich leise. Die Uhr zeigte achtzehn fünfundvierzig.

»Was willst du jetzt tun?«, fragte Carmen.

»Nachdenken«, sagte ich und stieg aus. Der Regen nässte mein Haar und mein Gesicht, es war ein Gefühl wie Tränen auf meinen Wangen. Carmen kam um den Wagen herum.

»Was ist mit Jacques? Wie lange hält er allein durch?«, fragte ich.

»Er muss versorgt werden, er muss wenigstens trinken. Ein paar Stunden sind kein Problem, aber dann …«

Ich beugte mich in den Wagen, nahm das Handy aus der Freisprecheinrichtung und rief das SMS-Menü auf.

»2-7+P/top+rot«, tippte ich ein. Sofort nach 2-7 kommen, höchste Priorität, Alarmstufe Rot. Einen Moment sah ich auf das Display, dann löschte ich den Eintrag wieder und wählte Alex direkt an.

»Wo steckst du?«, fragte ich, als er sich meldete.

»Ich bin in zehn Minuten in Zeebrugge. Warum, was ist los?«

»Dreh um. Fahr so schnell wie möglich nach 2-7 zurück. Wir müssen Jacques abholen.«

Es dauerte, bis er antwortete. »Was ist passiert?«

»Der Auftraggeber war da. Er hat Maria.«

Wieder eine Pause. »Was ist mit Claude?«

»Es hat ihn erwischt.«

»Erwischt? Ist er …?«

»Ja, leider.«

»*Merde!*«

»Jacques ist allein dort. Du musst auf ihn aufpassen.«

»Was ist mit Pernod?«

Ich zögerte kurz. »Er ist noch da.«

»Was ist mit dir?«

»Ich komme, so schnell es geht, aber ich weiß nicht, ob ich es schaffe. Wenn nicht, musst du ohne mich klarkommen.«

»Was ist, wenn Jacques dort *nicht* allein ist? Dann renn ich in die Falle!«

»Ich werde mich gleich mit dem Mann treffen. Er wird in Köln sein.«

»Und wenn der nicht allein arbeitet? Das Risiko ist mir zu groß. Das ist nicht mein Job!«

»Nicht dein Job! Jacques braucht Hilfe, verdammt noch mal!«, brüllte ich.

»Dann hilf ihm halt.«

Ich konnte nicht glauben, was ich gehört hatte. Für zwei Atemzüge nahm ich das Handy vom Ohr, bevor ich weitersprach. »Weißt du, was du da sagst, Mann?«

Ich bekam keine Antwort, aber ich hörte ihn schnaufen.

»Bist du dir im Klaren, mit wem du redest, Alex? Du spielst um deinen Kopf!«

Ich bemerkte Carmens Blick. Sie sah mir nur kurz in die Augen, dann stieg sie in den Wagen.

»Vielleicht wette ich ja gegen dich«, sagte Alex heiser.

»Und wenn du verlierst?«

»Ach Scheiße!« Er konnte die Angst hinter seinem Trotz nicht verbergen.

»Ich glaube nicht, dass sich das Risiko für dich lohnt, Alex.«

Ich wartete.

»Okay … Okay, ich fahr hin«, sagte er endlich.

»Gut. Warte dort bis morgen früh. Wenn du bis dahin nichts von mir hörst, bring ihn zu Pierre.«

Ich setzte mich wieder ins Auto und steckte das Gerät zurück in die Freisprecheinrichtung. »Arschloch! Gottverdammtes Arschloch. Hoffentlich lässt er uns nicht hängen!«

»Spielt er wirklich um seinen Kopf?« Ihr Gesicht war von mir abgewandt, sie sah aus dem Seitenfenster.

»Ja«, sagte ich.

Sie schwieg. Ich suchte ihren Blick, doch sie starrte weiter ins Dunkel.

»Was hast du jetzt vor?«, fragte sie nach einer Weile.

»Wir müssen uns mit deinem Bruder treffen. Alles andere ist zwecklos.«

»Was wird er wohl mit Maria machen?«

»Er wird sie irgendwo einsperren, bevor er sich mit uns trifft. An einem Ort, wo wir sie nicht aufspüren können. Vermutlich in dem Hochhaus in Köln. Ich seh im Moment keine Möglichkeit für uns, aktiv zu werden.«

Ich ließ den Motor an und drehte die Belüftung voll auf, um die Scheiben frei zu bekommen. »Was war das mit deiner Mutter?«, fragte ich. »Ich dachte, sie wäre an Krebs gestorben.«

»Sie *hatte* Krebs. Aber daran ist sie nicht gestorben.« Durch das Brausen des Ventilators war sie kaum zu verstehen. Ich drehte ihn kleiner.

»Weiter«, sagte ich.

»Sie hat sich erschossen.«

»Warum?«

»Aus Angst vor den Schmerzen. Aber Manuel gibt Vater die Schuld. Er habe Mutter alleingelassen, als sie ihn brauchte. Er behauptet, die Krankheit sei heilbar gewesen, aber Vater habe die Behandlung nicht bezahlen wollen. Aber das ist alles nicht wahr. Sie wollte einfach nicht länger leiden. Manuel war außer sich damals. Am Ende hat er sogar behauptet, Vater hätte sie umgebracht.«

»Und jetzt will er sie rächen – gut, das hab ich verstanden. Aber warum erst jetzt? Warum ich? Warum Manni? Was hat Manni damit zu tun?«

»Er war ein enger Freund von Mutter, sie hatte Vertrauen zu ihm. Aber als es zu Ende ging, hat er sich nicht mehr blicken lassen. Sie hat immer wieder nach ihm gefragt, aber da waren nur noch Manuel und ich. Manuel hat ihn gehasst dafür, ich weiß noch, wie er ihn angeschrien hat bei Mutters Einäscherung. Vater hat Manuel aus dem Krematorium hinausgeworfen. Als wir nach Hause kamen, war er weg. Irgendwie hatte er auch recht: Manni war ein Feigling.«

»Heute war er es nicht«, sagte ich.

»Nein, heute nicht. War es wirklich erst heute?«

»Ja. Ein kurzweiliger Tag – verging wie im Fluge. Hast du Erfahrung mit Waffen?«, fragte ich.

»Willst du, dass ich auf meinen eigenen Bruder schieße?«

Ich sah sie lange an, dann nickte ich. »Ja, wenn es nötig ist.«

»Das werde ich nicht tun.«

»Er würde.«

»Das glaub ich nicht.«

»Wir haben ihn gefragt, was mit dir passieren soll, bei dem Job. Es war ihm egal.«

»Ist das wahr?«, fragte sie.

»Ja«, sagte ich. »Du solltest vorbereitet sein.«

Sie sah mich an. Ihr Blick war tränenverschleiert und unsagbar traurig. »Hast du ein Taschentuch?«

Ich gab ihr eins. Sie putzte sich die Nase.

»Vater hat mir eine Pistole zum achtzehnten Geburtstag geschenkt. Eine Glock-Luger. Ich war ein paarmal auf dem Schießstand damit.«

»Gut.«

Ich ließ den Wagen die steile Ausfahrt des Klinikparkplatzes hinunterrollen. Unten bog ich ab in Richtung Köln. Der Regen hatte nachgelassen.

»Wie will er das wohl machen mit dem Treffen?«, fragte sie, als wir auf der Autobahn waren.

»Er wird uns an einen belebten Ort bestellen, ein Restaurant oder so was – je voller, je besser.«

Wieder schwieg sie eine Weile. »Ich hatte gedacht«, sagte

sie dann, »ich müsste Vater vor seinen alten Gegnern schützen. Du hast ja recht: Er hat das große Spiel gespielt. Als ich dich sah, dachte ich: Jetzt kommt die Quittung. Eigentlich ist es erstaunlich, dass es Vater bis heute geschafft hat – einfach so. Selbst Manni hätte Grund gehabt für eine Abrechnung. Und jetzt das. Sein eigener Sohn.«

»Hast du wirklich nicht damit gerechnet?«

»Nein. Wirklich nicht. Schließlich hat er seit fünf Jahren kein Lebenszeichen von sich gegeben.«

»Würdest du ihn als Psychopathen bezeichnen?«

Sie zögerte. »Es ist möglich«, sagte sie dann. »Macht das einen Unterschied?«

»Nein, im Moment nicht. Seine Intelligenz zumindest steht außer Zweifel.«

»Ich würde Vater gern warnen.«

»Nein. Dafür wissen wir noch lange nicht genug. Er wird schon auf sich aufpassen.«

Als wir Köln erreichten, fuhr ich an der Messe von der Autobahn ab und steuerte eines der riesigen Parkdecks an. Es war völlig verlassen. Ich stieg aus und holte eine Pistole aus dem Waffenkoffer im Kofferraum.

»Glock 26«, sagte ich und drückte sie ihr in die Hand. »Vorsicht, die ist geladen.«

»Ja … so eine hatte ich damals.« Sie probierte den Sicherungshebel. »Wo soll ich damit hin?«

»Steck sie einfach in die Jackentasche«, sagte ich.

Eine Weile saßen wir schweigend nebeneinander. Das Deck wirkte gespenstisch in seiner riesenhaften Leere.

»Müssen wir hier warten?«, fragte sie dann.

»Hier ist so gut wie überall.«

»Können wir nicht woandershin fahren?«

»Wenn du möchtest.« Ich startete den Wagen.

Die Uhr zeigte halb acht. Langsam rollten wir durch das leere Messegelände zur Deutzer Brücke. Die Scheinwerfer am Dom zeichneten eine riesenhafte Aura in die regenverhangene Schwärze des Himmels. Als wir mitten auf der Brücke waren, läutete das Handy. Ich schaltete die Freisprecheinrichtung an.

»Brauhaus Stüsser, Neusser Straße, in zwanzig Minuten. Ein Tisch ist auf meinen Namen reserviert«, sagte Manuel, ohne ein Melden abzuwarten, und legte wieder auf.

»Kennst du das?«, fragte ich.

Carmen nickte.

***

Auf der Neusser Straße war kein Parken möglich. Wir bogen in das Einbahnstraßengewirr und ließen den Wagen in Sichtweite des gelb beleuchteten Brauhauses im Halteverbot stehen.

Die Luft drinnen war stickig, die Tische im Saal fast vollständig besetzt. Ich fragte einen jungen Kellner nach der Reservierung, und er wies auf die letzten freien Plätze an einem schmalen Tisch. Carmen zwängte sich auf die Bank an der Wand, und ich platzierte mich gegenüber. Es war Viertel vor acht, ich ließ den Eingang nicht aus den Augen.

Manuel kam fünf Minuten später, in der linken Hand einen Aktenkoffer. Er trug noch immer Wollmütze und Anorak, seine Rechte steckte in der Tasche. Mit unbewegter Miene stellte er sich neben mich.

»Manuel …«, sagte Carmen.

Er reagierte nicht darauf. Sie waren grundverschieden: sie dunkel, tatsächlich fast südamerikanisch anmutend – er dagegen hell, in einer beinahe durchsichtigen Art; seine blassen

Augen gaben seinem Gesicht etwas Ätherisches, aber seine Stimme war kalt und kontrolliert. Er sprach leise.

»Zur Situation: Maria ist an einem Ort, den nur ich kenne. Wenn ich zu einer bestimmten Uhrzeit nicht wieder dort bin und einen bestimmten Schalter betätige, wird sie sich sehr wehtun. Unsere Zeit ist daher recht knapp bemessen, wir haben nicht mehr als dreißig Minuten.«

Er stellte den Koffer ab und schob ihn unter den Tisch.

»Was ist das für ein Schalter?«, fragte ich.

»Eine Zeitschaltuhr an einem Drehstromanschluss.« Er hob in einer entschuldigenden Geste die linke Hand. »Mir gefällt diese Sache selbst nicht, sie ist zu theatralisch; aber da ich allein arbeite, habe ich im Moment wenig Alternativen. Ich weiß, ihr seid bewaffnet, genau wie ich«, er deutete auf seine rechte Hand in der Jackentasche, »aber hier drinnen sollten wir keinen Unfug machen. Ich hoffe, da sind wir uns einig.«

»Ja«, sagte ich.

»Würdest du dich dann bitte neben Carmen auf die Bank setzen, Timothy? Ich fühl mich dann wohler.«

»Nur ungern«, sagte ich.

Er lächelte. »Ich weiß. Tu's trotzdem.«

Ich stand auf und bugsierte mich auf den engen Platz neben ihr. Manuel setzte sich auf meinen Stuhl. Langsam zog er die rechte Hand aus der Tasche und legte sie vorsichtig auf den Tisch, als sei sie zerbrechlich.

»Wie wird es weitergehen mit Maria?«, fragte ich.

»Ihr soll nichts geschehen. Sie bleibt bei mir, bis du den Job erledigt hast, Timothy. Danach lasse ich sie sofort frei. Das Geld willst du wirklich nicht? Ich hab's dabei.« Er wies unter den Tisch.

»Ich werde es mir holen kommen, wenn wir miteinander fertig sind.«

»Wie du meinst.« Er hielt den Kellner an, der gerade an unserem Tisch vorbeikam, und bestellte ein Mineralwasser.

»Ich möchte euch jetzt meine Geschichte erzählen«, fuhr Manuel fort. »Carmen, meine Liebe, wir werden uns vorläufig darauf einigen, dass wir uns uneinig sind über den Tod unserer Mutter. Das möchte ich nicht weiter diskutieren, bevor ich mit der Geschichte fertig bin. Lass mich also ausreden und unterbrich mich nicht. Okay?«

Ich sah zu ihr.

»Okay«, sagte sie nur. Ihr Gesicht war fahl.

Manuel nickte zufrieden. »Gut. Also: Davon ausgehend, dass unser Vater für den Tod unserer Mutter verantwortlich war, habe ich – nach einer langen Zeit der Trauer – angefangen, mich für sein Leben zu interessieren. Wir beide wussten ja – zumindest ahnten wir es –, dass mehr hinter seiner noblen Fassade verborgen war, als gut sein konnte zu wissen, wenn man weiter mit ihm leben wollte. Nicht wahr, Carmencita?«

Sie sah ihn nicht an. Ihr Blick fixierte den Bierdeckel vor ihr, unablässig drehte sie ihn auf dem Tisch. Manuels Mund verzog sich zu einem Lächeln, seine Augen strahlten: kalte Freude über einen bevorstehenden, sicheren Triumph. Er wandte sich zu mir.

»Ich wollte den Mörder meiner Mutter genau kennen, bevor ich mein Urteil über ihn fällte. Dass er nicht harmlos war, konnte jeder wissen: Schränke voller Waffen; jedes Jahr die Clubmeisterschale im Skeetschießen; drei Männer bei Caazapá, einfach so. Sie war dabei. Hat sie dir das erzählt?«

»Ja«, sagte ich.

»Tatsächlich? Freiwillig?«

Ich antwortete nicht.

»Nein«, sagte Carmen.

Er grinste. »Das dacht ich mir. Sie mag diese Geschichte nicht.«

Der Kellner brachte das Wasser. Er stellte es vor Manuel auf den Tisch und klopfte ihm auf die Schulter. »Zum Wohl«, sagte er.

»Danke.« Manuel trank gierig, bevor er weitersprach. »Nein, diese Geschichte mochte sie nicht. Sie mochte auch die meisten von Vaters Freunden nicht. Viele von ihnen trugen Militäruniformen und Sonnenbrillen, auch nach Mitternacht. Andere bevorzugten weiße Anzüge und Panamahüte. Sie waren stolz, seine Freunde zu sein. Heute weiß ich auch, warum: Damals in Asunción *nicht* sein Freund zu sein war für Leute wie sie schlicht lebensgefährlich.«

Er sah Carmen an und wartete, aber sie hob den Blick nicht von dem Bierdeckel in ihrer Hand. Nach einem Achselzucken sprach er weiter. »Man kann sehr viel herausfinden, wenn man sich Zeit lässt und an den richtigen Stellen die richtigen Fragen stellt. Ich habe angefangen, Vaters Leben zu erforschen, ausgehend von Mutters Tod, Schritt für Schritt in die Vergangenheit … Oh ja, heute lebt er ehrenwert in seiner Festung. Nicht der kleinste Schatten der Illegalität fällt auf seinen kultivierten Lebensabend, nein nein. Aber das hat auch schon mal anders ausgesehen. Zum Beispiel, als er und Manni Rossbach den Immobilienmarkt in Köln und Umgebung aufrollten. Abermillionen schwarzer Gelder aus obskuren Fonds und Stiftungen haben die beiden bewegt, doch der Name Berger tauchte nie auf. Nirgendwo. Alles lief komplett über Rossbach-Immobilien. Bestochene Dezernenten oder Stadtdirektoren? Nicht zu beweisen. Klüngel eben. Und ohnehin nur Peanuts. Das eigentliche Geschäft lief ganz woanders: bei Berger Trading & Industries, in Asunción, Paraguay, Niederlassungen in ganz Südamerika. Und die Bücher dieser ehrenwerten Gesellschaft waren selbstverständlich *jederzeit* zu hundert Prozent wasserdicht. Da stand natürlich nichts von Selbstfahrlafetten oder Opiumbasen, ach wo ... Zucker, Kaffee, Zink und vor allem: Export von Schnittblumen aus Kolumbien in die USA. Schnittblumen.«

Als der Kellner am Tisch vorbeikam, lächelte er ihn gewinnend an und bestellte noch drei Wasser. Der Mann lächelte übertrieben zurück. Carmen starrte weiter unbewegt auf den Bierdeckel.

»Ich will euch nicht mit Details langweilen. Ich habe eine Reihe bestechlicher Beamter bestochen und eine Reihe erpressbarer Bürger erpresst – was nebenbei recht einträglich war – und habe jetzt einen durchaus umfassenden Überblick über das Leben des Jochen Berger.«

Er lehnte sich zurück und sah grinsend zur Decke. Vom Nebentisch kam das Lachen einer Gruppe Frauen. Der Lärm des überfüllten Gastraumes zerrte an meinen Nerven. Die Luft war zum Schneiden, und ich schwitzte in meiner Lederjacke, die ich wegen des Schulterhalfters nicht weiter öffnen konnte. Carmen begann, den Bierdeckel zu zerbröseln.

»Nett hier«, sagte Manuel. Sein Grinsen verschwand. »Ein Überblick über Jochen Bergers Leben, allerdings nur zurück bis zu einem bestimmten Jahr. Dem Jahr, in dem Wolfgang Stricker starb. Wolfgang Stricker, Vater von Tom Stricker, bester Freund von Jochen Berger und Manni Rossbach, wie vor allem Manni nicht müde wurde zu betonen. Ich begann, auch über Stricker nachzuforschen, schließlich gehörte er zu Jochen Bergers Leben. Und jetzt, mein lieber Timothy, kommen wir zu den komplizierten Gründen.«

Ich stützte die Ellbogen auf und knetete meine rechte Hand. Manuel Berger sah mich an, sein Blick drang in mich ein. Ich spürte, dass ich meine Angst nicht vor ihm verbergen konnte. Es war nicht die Angst vor ihm, die um Jacques oder um Maria. Es war die Angst vor dem großen Gespenst. Ich konnte es spüren. Es war hier.

»Das mit dem alten Mann tut mir wirklich leid«, sagte Manuel. »Auch das mit deinem Hund. Aber am Ende wird das für dich keine Rolle mehr spielen, Timothy.«

»Am Ende werde ich dich töten«, sagte ich.

Er nickte. »Gut möglich. Aber erst am Ende.«

Carmen hob den Kopf. »Was redet ihr nur?«, fragte sie, aber Manuel wandte seinen Blick nicht von mir.

»Wer weiß denn schon, wie das Ende aussehen wird, Schwesterchen.«

Der Kellner brachte die drei Wasser. »Ich kenne Brauhäuser in Köln, da wärt ihr jetzt schon rausgeflogen«, sagte er.

»Wir wissen eure Gastfreundschaft zu schätzen«, sagte Manuel, den Blick starr auf meine Augen geheftet. Er wartete, bis der Mann kopfschüttelnd abzog.

»Zurück zum Thema: Wolfgang Stricker starb durch eigene Hand. Er erschoss sich mit einer .22er Beretta Bobcat, einem Modell, das in Deutschland kaum angeboten wird. Vermutlich illegal aus Südamerika mitgebracht. Der Tod war im Umfeld meines Vaters ziemlich häufig, und fast ebenso häufig war er kein Zufall. Aber Wolfgang Stricker hatte tatsächlich gute Gründe, freiwillig aus dem Leben zu scheiden. Er war Berufsverbrecher. Hinter der Fassade eines gut situierten Lebemannes hatte er einen florierenden Drogen- und Erpresserring aufgebaut. Anders als Manni Rossbach hielt Stricker sich dabei im Hintergrund, es lag ihm nichts an irgendwelcher Prominenz. Seine Geschäfte liefen jahrelang gut bis sehr gut, bis er einen schweren Fehler machte: Bei einem Drogendeal größeren Kalibers kam er dem Marseiller Kartell in die Quere. Die richtig schweren Jungs, internationale Unterweltelite. Die hatten es jetzt auf ihn abgesehen und auch noch die Bullen auf seine Spur gesetzt. Wolfgang Stricker hatte keine Chance mehr. Er war erledigt, als er seinem Leben ein Ende setzte. Wusstest du das, Timothy?«

»Das meiste«, sagte ich.

Er nickte. »So weit, so plausibel. Ich habe dann versucht, den damaligen Ermittler zu befragen –«

»Der ist tot«, sagte ich.

»Genau. Er hatte einen Badeunfall, gar nicht lange nach dem Tod Wolfgang Strickers. Im normalen Leben kann so was passieren. Aber in der Welt Jochen Bergers ist so etwas kein Zufall, das habe ich im Laufe meiner Nachforschungen gelernt. Also habe ich nach dem Arzt gesucht, der Strickers Selbstmord attestiert hatte.«

»'tschuldigung, könn' wir mal das Salz haben?«, fragte eine Frauenstimme vom Nebentisch.

Manuel schob den Gewürzständer in Richtung der Frau, ohne den Blick von mir zu lösen.

»Danke«, sagte die Stimme.

»Dieser Arzt«, fuhr Manuel fort, »ist *auch* tot. Gasexplosion durch einen defekten Badeofen. Drei Monate nach dem Polizisten.«

Etwas würgte in meiner Kehle. Ich griff nach meinem Glas und bemerkte, dass meine Hand zitterte.

»Worauf willst du hinaus?«, fragte Carmen. »Willst du behaupten, Vater hätte Wolfgang Stricker umgebracht?«

Ich fühlte die Wut aus ihr sprühen. Unverwandt sah ich in die Augen ihres Bruders.

»Ein naheliegender Gedanke, nicht wahr«, sagte er. »Sogar für dich, Schwesterchen. Natürlich hatte ich sofort diesen Verdacht und ging ihm nach. Ich habe nach dem möglichen

Motiv gesucht, nach den Verbindungen zwischen Stricker und Berger. Und wisst ihr, was ich gefunden habe?«

Sein Gesicht blieb unbewegt. Der Ausdruck in seinen Augen war rätselhaft, es steckten Gefühle darin, die nicht passten. Fast schien es Mitleid.

»*Was* hast du gefunden?«, fragte ich.

Er hob sein Glas. »Nichts«, sagte er und nahm einen Schluck. Sein Blick fiel von mir ab, als er das Glas wieder auf den Tisch setzte, und es blieb ein eigentümliches Gefühl bei mir, wie ein freier Fall. Die blassen Augen fingen mich wieder ein, als er fortfuhr.

»Es gab keinerlei Verbindung zwischen Wolfgang Stricker und Jochen Berger. Von Wolfgang Stricker zu Manni Rossbach, ja. Von Manni Rossbach zu Jochen Berger sowieso. Aber nicht zwischen den beiden direkt. Sosehr ich auch suchte: Wolfgang Stricker und Jochen Berger schienen sich nie begegnet zu sein. Erstaunlich genug für zwei Freunde. Aber dann entdeckte ich etwas noch sehr viel Erstaunlicheres …«

Für einen Moment schien es, als überlege er, ob er fortfahren solle, doch dann verschwand der diffuse Ausdruck aus seinen Augen und wurde abgelöst vom starren Blick eines tödlich Entschlossenen.

»Vor dem Tod Wolfgang Strickers hat es keinen Jochen Berger gegeben«, sagte er.

Ich verstand nicht. Eine Ahnung wühlte in mir, aber es gelang mir nicht, zu erfassen, was er da sagte.

»Was?«, fragte Carmen.

Ich wollte etwas sagen, irgendetwas, aber ich schwieg.

»Es gab ihn einfach nicht«, sagte Manuel.

Aus der Innentasche seines Anoraks zog er einige Fotokopien hervor, faltete sie auseinander und reichte Carmen das erste Blatt.

»Die Gewerbeanmeldung der Berger Trading & Industries in Asunción. Das erste Lebenszeichen Jochen Bergers überhaupt. Vorher gibt es keine Spur von ihm. Nirgendwo.« Carmen sah stirnrunzelnd auf das Blatt. »Was soll das beweisen?«, fragte sie.

Manuel lächelte ein wenig. »Nichts. Natürlich. Es gab Jochen Berger *nicht*. Und selbst ich kann nicht nichts beweisen. Aber es gibt dies hier ...«

Er reichte Carmen das nächste Blatt, die Kopie eines Zeitungsartikels.

»Das ist aus den ›Noticias‹, Asunción, knapp drei Monate nach Wolfgang Strickers Tod. Der Leiter der Klinik für Hauttransplantation und plastische Chirurgie an der Universität von Asunción wurde tot aufgefunden, zwei Wochen nach seinem spurlosen Verschwinden. Erschossen. Ein Mann aus der allerersten Gesellschaft Paraguays. Kein Täter, kein Motiv, keine Verdächtigen. Sechs Wochen später wurde Jochen Bergers Firma gegründet. Nach weiteren vier Wochen, am 1. Februar, heiratete er die deutschstämmige Margit Nesselrod, mit der er bereits einen zweijährigen Sohn hatte.«

Carmen hielt das Blatt in den Händen, aber sie hatte die Augen geschlossen. Mein Blick irrte durch den Raum, auf der Suche nach etwas, belanglos genug, um mich daran festzuklammern. Der junge Kellner ging vorbei. Er trug ein Nasenpiercing und einen Ring oben im Ohr, seine Haare standen in der Mitte irgendwie hoch. Passt gar nicht hierher, dachte ich. Sieht so punkig aus. Ich begann zu lachen.

»Das ist nicht dein Ernst«, sagte ich.

Manuel antwortete nicht, hob auch nicht den Blick.

»Ich glaube dir nicht«, sagte ich.

»Die beiden Einzigen, die Strickers Selbstmord wirklich bezeugen könnten, sind tot. Zwei bestechliche Beamte«, sagte er und grinste mich an wie ein Totenschädel. »Schicksal, Timothy, das ist es: unser Schicksal. Ich habe dann natürlich begonnen, mich für Strickers Leben zu interessieren. Ich habe die Klinik ausfindig gemacht, in der seine Witwe untergebracht ist, und habe dort tatsächlich auch einen Job gefunden, in meinem erlernten Beruf. Es wird dich freuen zu hören, Carmen, dass ich, allen Widrigkeiten zum Trotz, mein Studium erfolgreich beendet habe. Ich bin tatsächlich praktizierender Arzt, sogar mit Doktortitel, Fachrichtung Psychiatrie. Ich habe also die bezaubernde Frau Stricker kennengelernt und mir aufmerksam ihre Erzählungen über ihren Sohn angehört, der sich so plötzlich von Tom in Timothy verwandelt hatte. Eine sehr seltsame Geschichte, wie ich fand, selbst für eine Frau mit paranoider Schizophrenie. Du bist übrigens wirklich süß in dem Film. Du hättest weitermachen sollen, du hast so viel Begabung geerbt.« Er lachte. »Ich habe dann die traurige Karriere des Tom Stricker erforscht, die auf der gefälschten Passagierliste eines abgestürzten Flugzeugs endet. Ich habe mit einem pensionierten Sonderschullehrer gesprochen, einem Herrn Wollny, der mir erzählte, wie sehr der kleine Tom unter dem Tod seines Vaters gelitten hat, für den er sich offenbar verantwortlich fühlte. Der kleine Junge hat ihm sehr leidgetan, damals, und er war gar nicht verwundert, dass er auf die schiefe Bahn geraten ist: hochintelligent, aber sozial völlig gestört. Er hat ihn trotzdem sehr gemocht. Er sagte, es sei der schönste Erfolg in seinem Berufsleben gewesen, Tom Stricker wieder zum Sprechen zu bringen. Er war wirklich traurig, als ich ihm von Toms Tod erzählte. Wie dem auch sei: Tom Stricker war und blieb verschollen, unauffindbar für mich. Also begann ich, Timothy Clay nachzuspüren. Und als ich entdeckte, in welcher Branche er tätig war – als internationale Spitzenkraft sogar –, da war das für mich ein Zeichen. Ein Zeichen des Schicksals. Unseres Schicksals, Timothy.«

»Ich glaube dir nicht«, sagte ich wieder.

»Ach ja, du glaubst ja nicht ans Schicksal, wenn du es vermeiden kannst!« Er war sichtlich amüsiert. »Ich fürchte nur, jetzt kannst du es nicht mehr vermeiden. *Ich* habe dein Schicksal angestoßen! Nun rollt es, und du musst aufpassen, dass du nicht unters Rad gerätst, Timothy. Aber fürchte dich nicht! Das Schicksal wird auf dich achtgeben. Es braucht dich noch. Und nur weil ich das weiß, habe ich Manni zu dir geschickt. Manni, den Komplizen ...«

»Hör doch bitte auf«, sagte Carmen.

Er sah auf seine Armbanduhr. »Bald, Schwesterchen. Wir haben ohnehin nicht mehr viel Zeit, ich muss zurück zu Maria. Aber ich weiß, was ich weiß, Carmencita. Du wolltest mir nicht glauben, du hast Vater mehr getraut als mir. Aber es *ist* die Wahrheit.«

Ein letztes Blatt lag noch vor ihm. Er hob es vom Tisch, ohne es anzusehen.

»Erinnerst du dich an Onkel Raul, Schwesterchen? Du warst fünf, und ich war sieben. Der dicke Onkel Raul. Der Einzige von Vaters Freunden, den wir mochten. Wir mochten ihn sogar sehr, wir beide. Schließlich sind Kinder bestechlich, nicht wahr? Er hatte ein gutes Gespür für kleine Geschenke. Mutter mochte ihn auch. Der einzig wirklich nette Mensch, den wir in Paraguay kannten, hat sie immer gesagt, weißt du noch? Und plötzlich war er fort, für immer ...«

»Was hat das mit Manni zu tun?« Sie sprach ungehalten und laut.

»Wart's ab. Ich habe letztes Jahr mit Rauls Witwe gesprochen. Sie lebt mittellos in einer kleinen Wohnung am Stadtrand von Villarrica. Die Großhandelsfirma von Raul hat sie

213

nicht weiterführen können, als er damals so plötzlich spurlos verschwunden war. Sie musste verkaufen, weit unter Wert, an den einzigen Interessenten: Berger Trading & Industries.«

»Was beweist das schon«, sagte Carmen leise.

Manuel lachte. »Nichts, selbstverständlich. Wieder einmal gar nichts ist bewiesen.«

Jetzt legte er das letzte Blatt vor sie hin.

»Das ist aus der ›Nación‹. Du weißt, dass Mutter sie in Köln immer noch abonniert hatte. Achte auch auf das Datum.«

Carmen sah ihn über das Blatt hinweg an, bevor sie las.

Manuel fuhr fort: »Sie bekam die Zeitung immer mit drei Tagen Verspätung. Du weißt, welcher Tag das war, Carmen.«

»Der Tag vor ihrem Tod.« Ihre Stimme war kaum zu hören.

Er nickte. »Exakt. Und in genau dieser Ausgabe stand es: Rauls Leiche, skelettiert, mit zerschossenem Schädel, vergraben und jetzt gefunden auf dem Nachbargrundstück unserer Villa dort. – Nein, das beweist alles überhaupt nichts. Vielleicht, dass es einen Anfangsverdacht rechtfertigt ... Am Tag darauf habe ich gegen Mittag mit Mutter telefoniert. Sie klang beunruhigt und sagte, Vater und Manni würden sie besuchen kommen, zum ersten Mal seit Wochen. Sie habe Wichtiges mit ihnen zu besprechen. Vier Stunden später war sie tot, und ihr Tagebuch war verschwunden. Die Zeitung übrigens auch, was damals natürlich niemandem aufgefallen ist.«

Carmen legte das Blatt vor sich auf den Tisch und starrte darauf, wehrlos. Mit hängenden Schultern saß sie da, ohne den Blick zu heben.

»Zufall, Carmen? Niemals. Du hast mich immer nach Vaters möglichem Motiv gefragt. Es liegt vor dir. Und Manni

214

war dabei. Er ist genauso schuldig wie Jochen Berger. Oder sollte ich sagen: Wolfgang Stricker?«

Sein Grinsen war mir ekelhaft. Ich fühlte mich schutzlos. »Wenn du ihn unbedingt tot haben willst, warum tust du es nicht einfach selbst?«, sagte ich heftig.

Er schüttelte den Kopf. »Ich kann es nicht. Ich habe es versucht.«

»Was soll das heißen?«, fragte Carmen.

»Es ist nicht der Mangel an Willen oder Können. Es geht nicht. Das Schicksal will es nicht. Sonst hätte er den Unfall nicht überlebt.«

»Den Unfall? Das warst du?« Sie sah aus, als träfe sie ein weiterer Pfeil, nach vielen.

»Ja, das war ich. Und dass er überlebt hat, war ein Zeichen. Mein Plan war perfekt, aber das Schicksal will nicht, dass *ich* es tue. Kurz nach dem Unfall habe ich herausgefunden, was deine Profession ist, Timothy: ein Zeichen! Das Schicksal gibt uns *Zeichen*!«

Wieder sah er mich an, und dieses Mal ließ sein Blick keinen Zweifel: Er war ein Psychopath. Er beugte sich über den Tisch, seine Stimme zischte mir leise entgegen: »Als ihr Carmen entführt habt, war auch das ein Zeichen. Ich habe Manni zu dir geschickt: Ich habe ihm vom Drachen erzählt, und der Ritter ist losgezogen, um die Tochter seines dunklen Fürsten zu retten. Aber *du* hast ihn getötet, wie es deine Aufgabe war. Jetzt wartet nur noch eine letzte Pflicht auf dich – und das Schicksal wird sich dir nicht in den Weg stellen, Timothy. Denn jetzt wird das Schicksal Jochen Berger seiner gerechten Strafe zuführen. Und er wird genau wissen, dass die Rache naht; er wird wissen, dass *Tom Stricker* zu ihm kommen wird. Ein Geist aus der Vergangenheit wird kommen, ihn zu bestrafen. Er wird es wissen, und er wird es fürchten. Denn

215

ich werde es ihm sagen!« Er warf den Kopf in den Nacken. »*Ich* werde es ihm sagen!«

»Oh Mann, er wird's ihm sagen!« Die Frauen am Nebentisch lachten laut.

Manuel holte tief Luft und erstarrte. Sein Blick und seine Stimme änderten sich, als wäre ein Schalter betätigt worden. Kühl und beherrscht wie zu Anfang sprach er weiter.

»Ich muss jetzt los, ich darf auf keinen Fall zu spät zu Maria zurückkommen, das ist lebenswichtig für sie. Ich habe nicht erwartet, dass du mir glaubst, Timothy. Das ist ja völlig verständlich bei jemandem, der auf der Flucht vor seiner Bestimmung ist, so wie du. Aber es gibt eine ganz einfache Methode, die Wahrheit herauszufinden: Geh hin – und frag ihn selbst. Er wird dich erwarten. Wir hören dann voneinander.«

Manuel Berger nahm seinen Koffer und stand auf. Lächelnd wies er auf unseren Deckel. »Wenn ihr so liebenswürdig wäret …« Dann ging er hinaus.

Ich starrte auf die Bilder, die gegenüber an der nikotingelben Wand hingen: alte Fotos von Köln, sepiafarbene Abbildungen längst zerfallener Bauwerke. Vergangenheit.

»Mir ist schlecht«, sagte Carmen.

Ich konnte nichts sagen. Das große Gespenst lebte. Doch das durfte nicht sein.

Nicht mehr.

»Ich glaub ihm nicht«, sagte ich endlich, aber es stimmte nicht.

∗∗∗

»Ich glaub ihm nicht.«

Es regnete nicht mehr. Ich zog einen durchweichten Strafzettel hinter dem Scheibenwischer hervor, zerknüllte ihn und warf ihn auf die Straße. Carmen stand an der Beifahrertür. Wir sahen uns an, lange.

»Lass uns einsteigen«, sagte sie.

Ich schloss auf. Ich saß auf dem Fahrersitz und starrte auf den Schlüssel in meiner Hand.

»Was wirst du jetzt tun?«, fragten Carmen und eine Stimme in meinem Kopf.

Ich steckte den Schlüssel ins Schloss und ließ den Motor an.

»Ich werde ihn fragen«, sagte ich, aber ich fuhr nicht los.

»Wenn es stimmt ...«, sagte sie.

»Wir ...«, sagte ich.

»Wir wären ...«

»... Geschwister.«

Schweigend sahen wir nach vorn auf die dunkle Straße. Die Tropfen auf der Windschutzscheibe bildeten ein Netz aus verzerrten Lichtreflexen. Irgendwann öffnete ich meine Jacke und griff hinein. Für einen Moment hielten meine Finger den Griff der Pistole umschlossen, dann zog ich sie langsam heraus.

»Ich werde ihn fragen«, sagte ich.

»Und dann?«

Ich suchte ihren Blick, doch ihre Augen ließen nicht von der Waffe in meiner Hand.

»Ich weiß es nicht.« So langsam, wie ich sie gezogen hatte, steckte ich die Kimber wieder ins Holster. »Wirst du mir helfen?«

»Ja«, sagte sie, aber sie sah mich nicht an, immer noch nicht.

Ich atmete tief durch und versuchte, mich zu konzentrieren. »Erzähl mir von dem Haus. Ich brauche eine Vorstellung vom Grundriss.«

»Hast du was zum Zeichnen?« Ihre Stimme klang mutlos. Ich nahm den Notizblock aus dem Handschuhfach, und sie zeichnete eine rasche Skizze darauf.

»Vorn ist die Eingangshalle. Geradeaus geht's zur Bibliothek. Rechts zur Küche. Eine große Wohnküche, sie nimmt die ganze rechte Seite ein. An den anderen Seiten sind jeweils zwei Zimmer.« Mit dem Stift wies sie auf die einzelnen Räume. »Alle haben große Fensterfronten zum Innenhof. Von der Halle aus führt ein Flur außen um die Zimmer herum. Er beginnt in der linken Ecke der Halle, führt an den Zimmern vorbei und endet an der Küche. Keine Fenster.«

»Was ist im Innenhof?«

»Eine Art japanischer Steingarten. Keine Pflanzen, nur geharkter Kies mit ein paar großen Steinbrocken.«

Das bedeutete freies Schussfeld aus allen Fenstern.

»Hintereingänge?«, fragte ich.

»Nein. Nur die Haustür und die Garage.«

Ich sah mir die Skizze lange und genau an. Für diesen Job hätte es ein Team gebraucht – drei Mann, besser fünf.

»Willst du mir wirklich helfen? Ich meine, wirst du mit hineingehen?«

»Ja«, sagte sie. »Ich will ihn auch etwas fragen.«

Ich legte den Gang ein und fuhr langsam los. Wir schwiegen, bis der Wagen in den gelb beleuchteten Tunnel unter dem Hauptbahnhof tauchte.

»Meinst du …«, sie sprach zögernd, »wenn er es wirklich ist … wenn er wirklich Wolfgang Stricker ist und Manuel hat ihm gesagt, dass du kommst – dass Tom Stricker kommt –, meinst du, er wird dich hereinlassen?«

»Keine Ahnung. Ich kenne den Mann nicht.«

Sie schwieg. Ich fuhr weiter, aus der City hinaus. Irgendwann tauchte rechts der dunkle Parkplatz am Südstadion auf. Ich bog ab und hielt an einer abseits gelegenen Stelle.

»Was ist, wenn er dich nicht hereinlässt?«, fragte sie.

»Dann hab ich ein Problem«, sagte ich und stieg aus. Ich ging zum Kofferraum und öffnete den Waffenkoffer. Die Kimber hatte ich mir vor zwei Jahren von einem Antwerpener Tuner in die Hand schneidern lassen. Für keine andere Pistole hatte ich ein so sicheres Gespür entwickelt, gerade mit Schalldämpfer. Sie hatte eine Haltevorrichtung für eine Batterielampe unter dem Lauf und ein aufsteckbares Leuchtpunktvisier. Ihr Nachteil lag in der geringen Magazinkapazität, aber wenn du mehr als dreimal schießen musst, hast du sowieso ein Problem, pflegte Jacques zu sagen. Ich schraubte einen kurzen Schalldämpfer auf, justierte das Leuchtpunktvisier und steckte die Batterielampe in die Jackentasche.

»Er wird es tun«, sagte sie, als ich wieder einstieg.

»Mich reinlassen?«

»Ja. Ich glaube nicht, dass er die Rechnung offenlassen will. So weit kenne ich ihn.«

»Bleibt die Frage, wer die Rechnung bezahlt.«

»Ja.«

Ich startete den Wagen und fuhr über den pfützenbedeckten Parkplatz zurück zur Straße.

»Hast du Angst?«, fragte sie, als wir an einer roten Ampel standen.

Die Ampel wurde grün. Langsam ließ ich den Wagen anrollen.

»Was wirst du tun, wenn das hier hinter dir liegt?«, fragte sie, als ich nicht antwortete.

»Es liegt noch nicht hinter mir. Ich habe noch viel zu tun.«

Wieder hielten wir an einer Ampel. Die breite Straße lag

verlassen in der Nacht, im nassen Asphalt spiegelte sich das gelbe Licht der Straßenlampen.

»Segeln«, sagte ich, als die Ampel endlich auf Grün schaltete, »einen langen Törn. Karibik vielleicht.« Ich sah sie an. »Kommst du mit?«

Sie lächelte leicht. »Wir haben noch viel zu tun«, sagte sie.

***

Carmen wirkte geisterhaft bleich im Licht der Haustürlampe. Sie zögerte. Schließlich nahm sie den Schlüssel.

»Warte«, sagte ich.

Ich trat nah an sie heran und streichelte ihre Wange. Dann küsste ich sie auf den Mund. Für einige kurze Sekunden fühlte ich ihre Lippen und ihre Hand, die das Revers meiner Jacke griff. Aber dann zog sie sich zurück. Für eine Sekunde sah sie zu Boden, hob den Blick wieder und sah mich an.

»Es geht nicht.«

Unsere Blicke hingen aneinander. Ich spürte ihre Angst, und sie spürte meine.

»Es geht nicht«, sagte sie wieder.

Ich nickte und versuchte ein Lächeln. Dann zog ich die Kimber, schaltete das Leuchtpunktvisier ein und entsicherte. Carmen steckte den Schlüssel ins Schloss. Sie öffnete die Tür. Die Tür in die Vergangenheit. Und ich trat hindurch, endgültig.

Die Halle war dunkel, das schwache Leuchten des Mondes hinter den Milchglaskuppeln war keine Hilfe. Der rote Punkt des Visiers geisterte über die Wände. Eine Tür gegenüber war nur angelehnt, durch den Schlitz fiel gedämpftes Licht. Meine Augen gewöhnten sich langsam an die Dunkelheit, ich sah mich in der Halle um. Rechts die Tür zur Küche, gegenüber der Flur zu den hinteren Zimmern. Ich wies mit dem Kopf in Richtung des Türspaltes.

»Geh hinein«, sagte ich.

Zögernd ging sie auf die Tür zu. Als sie sie erreicht hatte, wandte sie sich zu mir um. Wir sahen uns an. Sie atmete tief ein, bevor sie sich wieder zur Tür drehte und hindurchging.

»Vater?«, fragte sie. Dann noch einmal, lauter: »Vater?«

Sie ging weiter in das Zimmer hinein und blickte sich um, dann sah sie zu mir und zuckte die Schultern. Durch die Tür erkannte ich einen großen Raum, nur schwach beleuchtet von einer Schreibtischlampe, Wände und Nischen mit bis zur Decke reichenden Bücherregalen. Die Rückwand war verglast, sie führte auf den dunklen Innenhof.

»Er ist nicht da«, sagte sie.

»Natürlich ist er da.« Ich blieb im Dunkel der Halle. »Er sitzt im Zimmer gegenüber. Mit seinem Gewehr.«

Ein Telefon begann zu läuten, ein alter Bakelit-Apparat auf einem kleinen Schreibtisch. Er klingelte dreimal kurz, immer wieder – absurd laut in der Stille.

»Das ist ein Anruf hier aus dem Haus«, sagte sie und sah mich an.

»Geh ran.«

Sie ging zum Schreibtisch und nahm ab. »Vater?«, fragte sie, dann hielt sie mir den Hörer hin. »Er will dich sprechen.«

»Ich werde diesen Raum nicht betreten, solange ich ihn nicht sehen kann, sag ihm das. Er soll das Licht in seinem Zimmer anmachen und seine Waffen sichtbar weglegen.«

Sie hielt den Hörer wieder ans Ohr. »Hast du gehört?«, fragte sie und sah zur Fensterfront. Im Hof flammte Neonlicht auf. Auch im Zimmer gegenüber ging das Licht an. Ich konnte Jochen Berger erkennen: Er saß in seinem Rollstuhl hinter der geöffneten Glasschiebetür, ein Gewehr mit

221

Schalldämpfer und Zielfernrohr in der Hand, das er jetzt an einen Tisch neben sich lehnte. Auf dem Tisch, in seiner Reichweite, lag eine schwere Pistole, ebenfalls mit Schalldämpfer. Ihr Leuchtpunktvisier zeichnete einen roten Strich auf die Tischplatte. Ich ließ die Kimber sinken und betrat den Raum. Er sah mich an und hob den Telefonhörer ans Ohr. Ich nahm den Hörer aus Carmens Hand.

»Du willst mich sprechen«, sagte er. Die Stimme war heiser, verzerrt durch das Telefon.

»Ja«, sagte ich.

»Dann komm zu mir«, sagte er.

Ich legte auf.

»Geh voran«, sagte ich und schaltete die Schreibtischlampe aus. Carmen schob die Tür auf und betrat langsam den Hof. Ich folgte dicht hinter ihr. Unsere Schritte knirschten auf dem Kies. Jochen Berger beobachtete uns unbewegt. Langsam gingen wir durch den Steingarten auf ihn zu. Als wir den Weg etwa zur Hälfte zurückgelegt hatten, musste Carmen zwischen zwei großen Steinen nach rechts ausweichen. Für einen kurzen Moment beraubte mich das ihrer Deckung. Sofort erlosch das Licht in seinem Zimmer, aber vorher sah ich noch seine Hand auf die Pistole zuschnellen. Ich hechtete in einer Flugrolle nach vorn. Carmen stand wie angewurzelt im Licht der Neonlampen über ihr. Sie starrte in das dunkle Zimmer. Ich stand mit gehobener Waffe vor dem Fenster des Nebenzimmers.

»Was macht er?«, fragte ich.

»Ich kann nichts erkennen«, flüsterte sie.

Ich zog die Batterielampe aus der Tasche und hakte sie unter den Lauf, vorerst noch ausgeschaltet. Dann schoss ich auf die Lampen der Hofbeleuchtung. Die Kugeln durchschlugen die Plastikgehäuse. Es wurde finster. Aus Bergers Zimmer drang ein Klappern.

»Du bist schnell«, hörte ich ihn sagen. Seine Worte hallten im Innenhof.

»Ja«, sagte ich und versuchte, die Schiebetür zum Neben-zimmer zu öffnen – sie war verschlossen. Mit meiner Lampe leuchtete ich kurz hinein: ein Schlafzimmer; die Tür zum Flur war zu und mit Sicherheit verriegelt. Meine Lage war nicht gut. Die anderen Türen würden auch verschlossen sein, genau wie die Innentüren. Der einzige Weg aus dem Hof führte nach rechts durch die Küche. Durch seine Schussbahn. Die Dunkelheit bot mir wenig Schutz, er hatte mit Sicherheit ein Nachtzielfernrohr auf dem Gewehr.

»Jemand hat mir einen Profi angekündigt, mit einem selt-samen Namen«, sagte er mit schläfriger Stimme. Er wusste, dass er Zeit hatte. Und dass ich das wusste.

»Ich wurde geboren als Tom Stricker«, sagte ich.

»Tom Stricker ist tot«, sagte er.

»Wolfgang Stricker auch«, antwortete ich.

»In der Tat!« Er lachte heiser. »Die Stimme, die dich ankündigte, klang seltsam vertraut. War das dein Bruder, Carmen?«

»Ja«, sagte sie.

»Und du? Welche Rolle spielst du in diesem eigenartigen Spiel? Manfred rief an, heut Morgen, in aller Frühe schon, und sagte, du seist entführt worden – jemand bedrohe dein Leben. Dann zeigte man mir eine Überwachungskamera auf einem Baum. Und jetzt ist Manfred tot, wie man mir berich-tet, und du bist hier. Kannst du mir das erklären, Carmen?«

»Es ist Manuels Spiel«, sagte sie. »Er hat das angerichtet, ich habe davon nichts gewusst, bis eben. Aber jetzt gibt es Fragen, die du mir beantworten musst, Vater.«

»Ein Sohn will seinen eigenen Vater töten lassen. Was ist das nur für eine Welt?«

War es Vaters Stimme? Ich konnte es nicht sagen. Die Bekümmernis in seinen Worten verhöhnte mich. Ich atmete konzentriert, aber es fiel mir schwer. Undeutlich glaubte ich eine Bewegung an seiner Tür wahrzunehmen. Ich drückte den Momentlichtschalter der Lampe. Für zwei Sekunden erhellte sie mein Schussfeld. Ich kam zu früh: Nur der Lauf des Gewehres ragte aus der Tür. Ich feuerte darauf, aber ich verfehlte ihn. Die Kugel schlug ein Loch in das dahinterliegende Fenster zur Küche. Das Klirren übertönte das leise Ploppen des Schalldämpfers. Das Gewehr wurde sofort zurückgezogen, noch bevor das Licht wieder erlosch.

»Jetzt warst du *zu* schnell«, sagte er.

»Nicht schießen! Bitte, hört doch auf!« Carmens Rufen klang flehend.

»Er will mich töten, Carmen. Das kann ich doch wohl kaum zulassen«, sagte er.

Ich hörte ihre Schritte auf dem Kies, sie kam auf mich zu.

»Ich werde mich zwischen euch stellen«, sagte sie.

»Woher weißt du, dass er dir nichts tun wird, Carmen?«

Schemenhaft sah ich sie in der Dunkelheit vor mir stehen. Dann spürte ich ihre Hand auf meiner Wange.

»Ich weiß es«, sagte sie.

»Also gehörst du zu ihm?« Seine Stimme klang jetzt alarmiert, sie hatte alles Schläfrige verloren.

»Ich gehöre zu niemandem«, sagte Carmen.

»Du gehörst zu deinem Vater!« Die Worte hallten im Hof.

Sie antwortete nicht. Schweigen umfing mich, ich hörte nur ihren Atem zittern. Die Zeit schien stillzustehen.

»Wie kommt Wolfgang Strickers Sohn hierher? Was will er hier?«, fragte er endlich.

»Er will dir Fragen stellen«, sagte Carmen.

»Und dann?«

»Dann sehen wir weiter«, sagte ich.

»Nun gut … dann stell deine Fragen, Tom Stricker.«

Nun gut, hatte das Gespenst gesagt. Ich stand in der Dunkelheit, ratlos. Wo beginnen? Meine Kehle war trocken.

»Warum?«, fragte ich heiser.

Ich wartete. Ein kurzer Schauer vereinzelter, schwerer Regentropfen fiel auf den Kies; schlagend, als sollte der verrinnenden Zeit ein Maß gegeben werden. Ein Tropfen traf meine Wange, einer die Hand, die meine Waffe umkrampfte. Meine Waffe, die ich beherrschte. Ich wartete. Hatte er mich überhaupt gehört?

»Das ist eine sehr lange Frage, Tomas«, sagte er irgendwann, gedehnt, als wolle er Zeit gewinnen. »Hat Manuel dir gesagt, dass du sie mir stellen sollst?«

»Ja«, sagte ich.

»Was hat er noch gesagt?«

»Er hat viel erzählt – eine ganze Reihe unglaublicher Geschichten.«

»Auch dir, Carmen?«, fragte er.

»Ja.« Immer noch stand sie vor mir und sah mich an. Ein Schemen in der Nacht.

»Ich verstehe«, sagte Jochen Berger.

Der Regen verging, überraschend, wie er gekommen war. Die Luft roch feucht.

»Ich erinnere mich kaum noch an Wolfgang Stricker … er hat sich getötet, vor langer Zeit schon. Er wäre ohnehin gestorben – war schon so gut wie tot. Ein Schwachkopf war er. Unvorsichtig. Er hat nicht gemerkt, dass er betrogen wurde. Betrogen. Von allen … Sogar der kleine Tom hat ihn bestohlen, kaum dass er ihm einmal den Rücken kehrte, nicht wahr, Tom?«

»Ich wollte …«, flüsterte ich.

Nur spielen, wollte ich sagen, aber etwas brachte mich zurück in die Gegenwart, vielleicht das Gewicht der Waffe in meiner Hand. Aber das Gespenst sprach weiter.

»Als Wolfgang Stricker einmal tot war, bekam all das eine neue Bedeutung. Der Tisch drehte sich. Die ihn betrogen hatten, mussten bezahlen. Einige, die sich für unangreifbar hielten, sogar mit ihrem Leben. Sie saßen in ihren Villen in Marseille – große Männer, wie sie dachten. Aber nicht groß genug, auch sie mussten zahlen. Leider ohne zu wissen, an wen … Aber eins ist sicher: Seit Wolfgang Stricker tot ist, gibt es einen Idioten weniger auf der Welt. Sie alle mussten zahlen. Einige zahlen heute noch. Alle, die ihn betrogen haben, seine Partner, seine Freunde, seine Frau …«

»Mutter? Was hat sie dir getan?« Ich hob die Waffe, ohne ein Ziel zu sehen, doch ich fühlte Carmens Hand auf meinem Unterarm. Sanft drückte sie ihn wieder hinunter.

Aber die Stimme schallte weiter aus der geöffneten Tür.

»Seine Frau, ja, die auch. Sie zahlt heute noch. Dafür, dass sie ihn mit seinem Freund betrogen hat. Seinem besten Freund, wie man so sagt. Auch er hat bezahlt. Denn von nun an war *er* der Idiot, sein Leben lang – immer in Angst. Jetzt ist er tot. Und sogar der kleine Tom zahlt noch immer dafür, dass sie versucht haben, ihn Wolfgang Stricker als Sohn unterzuschieben.«

Mein Mund öffnete sich. Das ist nicht wahr, wollte ich sagen, doch kein Laut kam aus meiner Kehle. Nur ein heißer, unerträglicher Gedanke wühlte in meinem Kopf.

»Ja, Tomas, es ist wahr: Wolfgang Stricker war nicht dein Vater.«

Wieder fielen schwere Tropfen vom Himmel und klatschten auf den kiesbedeckten Boden, viel mehr dieses Mal und ohne ein Ende. Das Wasser lief aus meinen Haaren, über mein

Gesicht. Regungslos stand ich vor Carmen. Sie hob langsam ihre Hände und legte sie um meinen Nacken.

»Wer?«, fragte ich; laut, und doch schien es zu leise in dem prasselnden Unwetter. »Wer?«, wiederholte ich, lauter, noch lauter. Ich wollte ihn von dem Gespenst hören, musste ihn hören: den Namen, der es nicht sein durfte. Ich brüllte: »Wer?« Und dann: »Lügner!«

Aber es schwieg. Es kam keine Antwort von dem Gespenst. Nur ein kleines rotes Leuchten erschien in meinem Augenwinkel.

»Vorsicht!«, schrie Carmen und stieß mich nach hinten. Die Fensterscheibe, vor der wir standen, explodierte; Splitter trafen mein Gesicht, ich taumelte rückwärts. Halb im Fallen riss ich meine Waffe hoch. Im Licht meiner Lampe sah ich ihn in seinem Rollstuhl hinter der Scheibe, vor der wir gestanden hatten. Die Pistole in seiner Hand folgte meinen Bewegungen. Ich feuerte und fiel, seine Kugel kreischte an meinem Ohr vorbei, hinter mir zerbarst eine weitere Scheibe. Auf dem Boden liegend, schoss ich noch einmal in seine Richtung, aber im Kegel meiner Lampe war er nicht mehr zu entdecken.

»Carmen!«, rief ich und leuchtete sie an. Sie kniete auf dem Boden, Blut im Gesicht.

»Nur ein paar Splitter«, sagte sie. Der Regen prasselte auf den Kies. Ich sprang auf und setzte durch das zerborstene Fenster. Auf dem Boden an der Tür war eine dünne Blutspur. Sie zog sich nach links in den Gang hinein. Ich feuerte zweimal blindlings in den dunklen Flur und leuchtete dann aus der Tür. An der Ecke, wo der Flur zur Halle abbog, saß er mit hängendem Kopf in seinem Rollstuhl. Seine Rechte hing herab, sie hielt noch immer die Pistole, mit der Linken hielt er sich die Wunde am Oberarm. Ich schaltete das Licht an und ging langsam auf ihn zu.

»Ohne meine Tochter wärst du jetzt tot«, sagte er.

Ich drückte ihm den Lauf an die Stirn. Er ließ die Pistole fallen, sie polterte auf den Boden.

»Wer?«, fragte ich.

»Weißt du es wirklich nicht, Tom?«

»Sag es.«

Jetzt hob er den Kopf und sah mich an.

»Groß geworden bist du.«

Seine Augen waren kalt. Vaters Augen.

»Es war wohl seine mutigste Tat, denke ich, Wolfgang Stricker zu betrügen.« Er schüttelte leicht den Kopf. »Danach war er der erbärmlichste Feigling, den man sich vorstellen kann. Alles hat er getan. Alles, was ich verlangte. Auch getötet. Einmal hat er danach sogar geweint, er konnte sich gar nicht beruhigen ...« Er verzog angewidert das Gesicht. »Heute war er noch einmal mutig. Und prompt hat man ihn umgelegt. Warst du das, Tom? Hast du etwa deinen eigenen Vater erschossen? Schon wieder? Wie damals, als du die Elster nicht getroffen hast?«

Er lachte laut und böse. Mein Atem ging heftig.

»Was redest du da?« Ich stieß mit der Pistole seinen Kopf nach hinten.

»Lass das doch, Tom. Ich habe keine Angst mehr. Darüber bin ich hinaus. Ich bin weit genug gekommen, irgendwann musste es ja mal so weit sein. Ich hätte Strickers Tod am liebsten dir in die Schuhe geschoben, das hätte gut funktioniert. Aber Manni war dagegen. Das könne man dem kleinen Jungen doch nicht antun, meinte er ... Ich habe mich von ihm breitschlagen lassen.«

Ich ließ das Ende des Schalldämpfers ein Stück abwärtsrutschen, von seiner Stirn auf sein Auge. Er schrie auf, als ich zustieß.

»Manni war in Paraguay, damals«, sagte ich.

»Hat er dir das gesagt? Ja, dann …« Er grinste, schmerz-verzerrt.

Ich sagte nichts mehr. Niemals hatte ich solchen Hass in einem Menschen gespürt. Und doch hasste ich ihn mehr als er mich. Ich hasste ihn mehr, als ich ihn je geliebt hatte.

Ich drückte ab.

Der Hahn meiner Waffe klickte. Eingefroren, wie von einem Blitz in der Dunkelheit, erschien ein Bild vor mir: das Bild einer Elster, ihre golden glänzende Beute mit dem Schnabel greifend.

Die achte Kugel.

Nach einer Sekunde begann der Mann zu lachen, ungläubig erst, dann hämisch. Ich riss das Reservemagazin aus der Tasche. Seine Linke fuhr in seine Jacke und kam mit einer kleinen Pistole hervor. Ich sah ihm interessiert zu, während mein leeres Magazin in einer tanzenden Drehbewegung zu Boden fiel und das Reservemagazin, unendlich langsam, wie es mir vorkommen wollte, von meiner linken Hand in das Griffstück der Kimber gedrückt wurde. Genauso langsam, nein, eine Spur schneller, reckte sich mir der Arm mit der Pistole entgegen. Beretta Bobcat, Kaliber .22, selten, dachte ich, während ihr kurzer Lauf noch kürzer zu werden schien; doch dann, einen Wimpernschlag, bevor sie auf meinen Kopf zielte, glitt die Waffe aus der Hand, die sie hielt.

Waagerecht sich drehend flog die Beretta an mir vorbei in den Gang. Die Kugel hatte seinen linken Ellbogen getroffen. Carmen kam von der Halle her den Flur entlang, langsam einen Fuß vor den anderen setzend. Noch immer lief Blut aus einer Schnittwunde unter ihrem linken Auge. Mit beiden Händen umklammerte sie die Luger; sie zielte auf ihren Vater, auch noch, als sie ihn erreicht hatte. Wir standen beide dort, wortlos, jeder eine Waffe auf den Mann richtend, der, wehrlos jetzt, vor uns saß. Seine verletzten Arme hingen kraftlos neben den Rädern seines Rollstuhls. Er sah Carmen an.

»Liefert mich jetzt meine eigene Tochter dem Henker aus, den mein Sohn bestellt hat?«, fragte er ohne sichtbare Regung.

»Warum hat Manfred geweint?«, fragte sie, seinem Blick standhaltend.

»Nimm die Pistole weg, Carmen«, sagte er.

»Das werde ich nicht tun, Vater. Nicht, bevor du mir die Wahrheit gesagt hast! Warum hat Manfred geweint?«

»Er tötete einfach nicht gern. Er war ein netter Kerl, Toms Vater.«

»Er war nicht mein Vater«, stieß ich hervor.

»Wenn du das sagst. Du musst es ja wissen.« Er lachte.

»Doch«, sagte Carmen leise. »Er hat recht.«

Meine Augen zuckten zwischen ihr und dem Mann hin und her.

»Was redest du da?«

Sie sah starr über den Lauf ihrer Waffe hinweg.

»Deine Mutter hat es mir gesagt, als wir bei ihr waren. Du warst mit der Schwester auf dem Flur. ›Jetzt hat Tom schon wieder den Vater verloren‹, hat sie gesagt.«

Der Mann, der Jochen Berger war, lachte auf.

»Die verrückte Karin! Was meinst du, Tomas? Kann man ihr das glauben?«

Ich sagte nichts. Meine Waffe zitterte etwas, ich musste sie mit der linken Hand stützen.

»Wen hat Manni getötet?«, fragte Carmen.

Er sah sie lange an.

»Was soll ich dir antworten?«, sagte er dann. »Sage ich, es war deine Mutter, erschießt du mich. Sage ich, es war jemand

230

anderes, glaubst du mir nicht. Und wenn du mir doch glaubst, erschießt *er* mich.«

»Dann kannst du ja die Wahrheit sagen«, sagte ich.

Er nickte. Unentwegt sah er zu Carmen. »Die Wahrheit. Bist du sicher, dass du die Wahrheit hören willst ... Tochter?«

Sie antwortete nicht sofort. »Ja«, sagte sie endlich.

»Wie du meinst.« Er ließ ihren Blick nicht los. »Manuel hat recht: Ich habe sie töten lassen.«

Die Pistole zitterte in Carmens Händen. »Warum denn? Vater!« Ihre Stimme erstickte. Tränen vermischten sich mit dem Blut auf ihrer Wange.

Die Stimme des Mannes klang jetzt ruhig, fast sachlich. Ich hasste sie.

»Sie wäre ohnehin gestorben, unter weit größeren Schmerzen, wie du weißt. Sie hatte herausgefunden, dass ich ihren Freund Raul auf dem Gewissen hatte, und sie hat mir gedroht. Sie wollte mich hochgehen lassen. Sie wusste, sie hatte nicht mehr viel Zeit. Das Resultat davon wäre gewesen, dass du überhaupt keine Eltern mehr gehabt hättest – bedenke das, Carmen. Es war eine sehr, sehr schwere Entscheidung; sie ist mir ganz und gar nicht leichtgefallen. Denn ich hatte eine gute Zeit mit deiner Mutter. Sie war so ganz anders als Karin. Aber sie hätte es wissen müssen: Es hat keinen Sinn, mir zu drohen! Wenn sie es wirklich gewollt hätte, hätte sie es einfach tun müssen. Sie kannte mich gut genug. Sie wusste bei Weitem nicht alles, aber sie musste sich darüber klar sein, dass ich das nicht zulassen konnte ... Deine Mutter war wie alle Frauen, Carmen: Sie liebte nicht den Mann, den sie hatte, sondern den, den sie gern gehabt hätte. Kurz vor ihrem Tod scheint sie dieses Missverständnis doch noch bemerkt zu haben. Schade für sie, eigentlich. Und dann wollte sie eine letzte Bestätigung von mir: dass ich tatsächlich der war, der ich bin – und nicht der, den sie liebte. Ich habe ihr diese Bestätigung gegeben und sie von ihren Schmerzen befreien lassen. Durch Manni.«

Carmens Kopf drehte sich nach rechts und wieder nach links, langsam und immer wieder, hin und her. Im Versuch, ihr Zittern zu unterdrücken, zog sie ihre Hände mit der Pistole an die Brust. Der Mann sah ruhig und unbewegt in den Lauf der Waffe.

»Es hat keinen Sinn, mir zu drohen, Carmen«, sagte er.

»Nein«, sagte sie.

Sie kämpfte. Ich sah, wie sich ihr Zeigefinger am Abzug verkrampfte. Als der Schuss fiel, riss der Schock ihre Hände auseinander. Die Pistole fiel und schlug dumpf auf den Boden.

Jochen Berger lehnte an der Wand. Der Rollstuhl war etwas zur Seite gekippt und stand nur noch auf dem linken Rad, der Tote saß grotesk verrenkt darin. Nach einigen Augenblicken verlor der Stuhl das labile Gleichgewicht und kippte nach hinten. Der Körper rutschte an der Wand herunter, und der Kopf zog eine breite, rote Spur auf den weißen Verputz.

»Ich habe nicht geschossen«, flüsterte sie.

Sie weinte nicht mehr. Ich steckte die Kimber in das Holster.

»Nein«, sagte ich, »du hast nicht geschossen.«

Lange sahen wir auf den Mann hinunter, der unser Vater gewesen war. Er war der erste Mensch, den ich tötete. Und er war der letzte.

»Lass uns gehen«, sagte ich schließlich.

Wir sahen uns in die Augen.

»Ja«, sagte sie. »Wir haben noch viel zu tun.«

Martin Schüller
JAZZ
Broschur, 208 Seiten
ISBN 978-3-89705-166-9

»*Liest sich wie ein Kölsch nach dem andern.*«   DIE ZEIT

»*Wer Jazz liebt, für den ist es ein unbedingtes Muss.*«   Rhein-Zeitung

www.emons-verlag.de

Martin Schüller
TOD IN GARMISCH
Broschur, 272 Seiten
ISBN 978-3-89705-656-5

»Gut erzählt und – typisch Martin Schüller – zum Teil richtig lustig.«
WDR 2

»Fesselnde, gut ausgefeilte Charaktere, ein Plot, der Spannung bis zur letzten Seite bietet – und viel Lokalkolorit.«
Garmisch-Partenkirchner Tagblatt

www.emons-verlag.de

Martin Schüller
DIE SEHERIN VON GARMISCH
Broschur, 272 Seiten
ISBN 978-3-89705-726-5

»Kommissar Schwemmer ist eine ganz großartige neue Figur auf dem Krimimarkt. Ein super-sympathischer Charakter, jemand, den man sofort in sein Herz schließt.« Peter Hetzel, Sat1

»Jede Figur hat ihre eigene kleine Geschichte. Schüller schöpft aus dem Leben und zeigt sich als Meister der Beobachtungsgabe und des Einfühlungsvermögens.« Horst Eckert, Focus Online

»Ein echter Schüller. Ein tolles Buch.« Rheinische Post

www.emons-verlag.de

Martin Schüller
DER TEUFEL VON GARMISCH
Broschur, 304 Seiten
ISBN 978-3-89705-899-6

»Wieder ein richtig guter Schüller-Krimi: humorvoll, einfallsreich und spannend erzählt – auch für Nichtbayern.« ekz

www.emons-verlag.de

Martin Schüller
DER HIMMEL ÜBER GARMISCH
Broschur, 336 Seiten
ISBN 978-3-95451-300-0

»*Der Autor zeichnet alle seine Figuren sehr komplex, kratzt nicht nur an der Oberfläche, sondern gibt dem Leser Einblicke in ihre Gefühlswelt. Und er schreibt da, wo es weh tut. Er stellt Strukturen in Frage.*« Garmisch Partenkirchner Tagblatt

www.emons-verlag.de

Martin Schüller
KUNSTBLUT
Broschur, 208 Seiten
ISBN 978-3-89705-289-5

»*Wundervoll ironische Seitenhiebe auf kunstbeflissene Schickimickis, abgehobene Möchtegern-Kulturpäpste und durchgeknallte Art-in-Progress-Performer.*« Solinger Tageblatt

»*Schnörkellos sein Schreibstil, kompromisslos sein Handlungsaufbau.*« Rheinische Post

»*Brillant geschrieben.*« Ratinger Wochenblatt

www.emons-verlag.de

Friedrich Ani
ABKNALLEN
Broschur, 240 Seiten
ISBN 978-3-95451-425-0

»Verdammt schlüssig, ein filmreifer Stadt-Krimi.« Bayerischer Rundfunk

»Ein in vielerlei Hinsicht bemerkenswerter Kriminalroman.«
Bayerische Rundschau

»Ein vortrefflich gelungener Thriller.« Süddeutsche Zeitung

www.emons-verlag.de

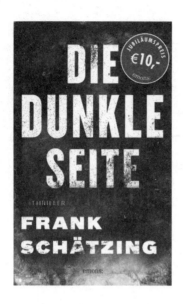

Frank Schätzing
DIE DUNKLE SEITE
Broschur, 432 Seiten
ISBN 978-3-95451-430-4

»Schätzing entwickelt geschickt seine Charaktere, er flicht Aktion und Spannung ein in die Betrachtung einer zerrissenen Wirklichkeit voller Täuschungen. Dabei ist ein bis ins Detail wohlüberlegtes Buch entstanden. Schätzing ist ein ausgezeichneter Erzähler.«
Kölnische Rundschau

»Schätzing beweist mal wieder auf fast beängstigende Weise, wie weit er seiner Zeit voraus ist.« Focus Online

»Spannung pur.« BILD

www.emons-verlag.de